HABILIDADES SOCIAIS
O MODELO DE JESUS

Dados Internacionais de Catalogação na Publicação (CIP)
(Câmara Brasileira do Livro, SP, Brasil)

Del Prette, Almir
 Habilidades sociais – O modelo de Jesus / Almir Del Prette, Zilda A.P. Del Prette. 2. ed. – Petrópolis, RJ: Vozes, 2011.

 5ª reimpressão, 2024.

 ISBN 978-85-326-2906-7
 Bibliografia.

 1. Habilidades sociais 2. Relações interpessoais – Aspectos religiosos – Cristianismo I. Del Prette, Zilda A.P. II. Título.

03-3597   CDD-261.832

Índices para catálogo sistemático:
1. Habilidades sociais : Cristianismo   261.832

ALMIR DEL PRETTE
ZILDA A.P. DEL PRETTE

HABILIDADES SOCIAIS
O MODELO DE JESUS

EDITORA
VOZES

Petrópolis

© 2003, Editora Vozes Ltda.
Rua Frei Luís, 100
25689-900 Petrópolis, RJ
www.vozes.com.br
Brasil

Todos os direitos reservados. Nenhuma parte desta obra poderá ser reproduzida ou transmitida por qualquer forma e/ou quaisquer meios (eletrônico ou mecânico, incluindo fotocópia e gravação) ou arquivada em qualquer sistema ou banco de dados sem permissão escrita da editora.

Conselho Editorial

Diretor
Volney J. Berkenbrock

Editores
Aline dos Santos Carneiro
Edrian Josué Pasini
Marilac Loraine Oleniki
Welder Lancieri Marchini

Conselheiros
Elói Dionísio Piva
Francisco Morás
Gilberto Gonçalves Garcia
Ludovico Garmus
Teobaldo Heidemann

Secretário executivo
Leonardo A.R.T. dos Santos

Produção Editorial

Aline L.R. de Barros
Marcelo Telles
Mirela de Oliveira
Otaviano M. Cunha
Rafael de Oliveira
Samuel Rezende
Vanessa Luz
Verônica M. Guedes

Conselho de projetos editoriais
Luísa Ramos M. Lorenzi
Natália França
Priscilla A.F. Alves

Editoração e org. literária: Maria Paula Eppinghaus de Figueiredo
Diagramação: Lara Kuebler
Capa: Omar Santos

ISBN 978-85-326-2906-7

> A primeira edição desta obra tinha por título: *Habilidades Sociais Cristãs – Desafios para uma nova sociedade*.

Este livro foi composto e impresso pela Editora Vozes Ltda.

Dedicamos este livro a todos aqueles que se esforçam em construir relações humanas orientadas pelos ensinos e exemplos de Jesus.

SUMÁRIO

Prefácio à 2ª edição, 9

Prólogo, 13

1. Novas relações interpessoais, 19

2. A competência interpessoal de Jesus, 37

3. Emoção, razão e comportamento, 56

4. Habilidades sociais e relações interpessoais, 78

5. Habilidades sociais assertivas, 91

6. Habilidades sociais empáticas, 115

7. Habilidades sociais de amizade, 124

8. Habilidades sociais de solidariedade, 127

9. Habilidades sociais de perdão/reparação, 134

10. Saber, ser e fazer – Por onde começar?, 146

PREFÁCIO À 2ª EDIÇÃO

As novas edições dos livros são, geralmente, motivo de satisfação e alegria dos autores e editores. No caso deste, há vários motivos para tais sentimentos, pois a sua temática é inédita no Brasil. Explicitando melhor, o teor ou conteúdo desta obra insere, de um lado, nas franjas da *Psicologia das Habilidades Sociais* e de outro, aborda, de perto, uma região ainda pouco explorada na pesquisa psicológica no Brasil, que é a análise de figuras marcantes da humanidade.

Nesta nova edição, gostaríamos de esclarecer ao leitor sobre uma pequena alteração no título da obra. O título original era *Habilidades sociais cristãs: desafios para uma nova sociedade*. O título sofreu alteração para **Habilidades sociais, o modelo de Jesus**, conforme aparece agora na capa. Considerou-se que este título resume melhor a ideia do livro, especialmente por que a noção de habilidades sociais e de competência social, que defendemos ao longo de nossos trabalhos, contempla não somente uma dimensão instrumental mas também uma **dimensão ético-moral**, amplamente coerente com a noção de habilidades sociais cristãs.

> *A dimensão ético-moral [da competência social] está associada à escolha ou ponderação entre consequências imediatas e de médio e longo prazo [...] que incluem a manutenção ou melhora na qualidade da relação, a reciprocidade positiva e o equilíbrio nas trocas positivas [...] o que supõe e fomenta relações do tipo "ganha-ganha":*

pautadas pelo respeito aos direitos humanos interpessoais. (DEL PRETTE & DEL PRETTE, 2001, p. 31)[1].

Desde o seu lançamento, até o momento desta nova edição, temos acompanhado de perto, com satisfação e alegria, alguns dos percursos desse livro. Muitos leitores, de várias partes do Brasil, têm oferecido testemunho do aproveitamento de sua leitura. O contato com esses leitores mostra que esse livro vem tendo impacto junto àqueles que se dedicaram a examiná-lo.

Alguns desses leitores estão inseridos na universidade e, nesse espaço, onde predomina a motivação por obras de conhecimento técnico e científico, também se verifica o interesse em aumentar o conhecimento sobre Jesus e sua forma de se comportar. Leitores alheios à religião ou com diferentes responsabilidades junto às suas igrejas, também manifestaram impressões favoráveis após a leitura.

Dentre as dezenas de considerações de leitores, que nos escreveram, via correio comum ou e-mail, reproduzimos a seguir algumas a título ilustrativo (o nome do leitor foi omitido para preservar seu anonimato):

- *"Foi uma delícia ler seu livro e o recomendo aos movimentos cristãos como missões, igrejas etc., além das pessoas que se interessem em compreender a orientação de Jesus quanta às habilidades de relacionamento tão bem explicadas nessa sua obra".*

- *"Eu como não sou cristã fiquei, admito, com o pé atrás, mas com o passar as pagina me foi revelando um mundo novo do qual pude trazer muitas coisas para minha realidade".*

---

[1] Del Prette, A. & Del Prette, Z. A. P. (2001). Psicologia das Relações Interpessoais - Vivências para o trabalho em grupo. Petrópolis: Vozes.

- *"A cada capítulo, tive oportunidade de refletir sobre questões de ordem pessoal, fazer uma avaliação de meus pontos fortes e fracos e rever minhas interações, especialmente, nos capítulos que tratam das habilidades sociais assertivas e das empáticas".*

- *"Ao ler o livro refleti sobre várias questões até então adormecidas, especialmente as que dizem respeito à religião".*

- *"Com este livro pude ampliar meus conhecimentos em relação à pessoa chamada Jesus. Quem foi, quais foram suas atitudes em diferentes situações [...] e também pude ver quão habilidoso era com todos, sem distinção de crença, cor, posição social".*

- *"Ao ler, fiquei maravilhada com o tema abordado e com a forma, usando a competência social do grande líder Jesus".*

- *"Gostaria que este livro fosse mais divulgado, pois deveria sair dos meios acadêmicos, se expandindo para a sociedade em geral. [...] Uma sociedade que saiba lidar com as pessoas será uma sociedade muito mais respeitosa e feliz".*

- *"Meu nome é... Sou pastor... Quero agradecer pelo enriquecimento e edificação em minha vida por esse livro. [...] Com toda certeza, nossa sociedade precisa rever seus valores e princípios e Jesus Cristo nos **sensibiliza** para este novo paradigma".*

- *"Este é um momento único em que posso lhes escrever e dizer o quanto esse livro contribuiu para que eu fosse mais feliz".*

- *"Em determinados momentos do livro achei a teoria uma "missão impossível", mas estou me propondo fazer a minha parte, procurarei educar meus filhos para que façam a deles e acredito poder alcançar um bom número de pessoas que convivem comigo".*

Entendemos que a vida de Jesus está repleta de situações de interação social que ilustram de forma bastante clara a dimensão ética atual e necessária na construção e reconstrução de uma cultura de respeito ao outro e de promoção de relações saudáveis. Muitos dos depoimentos de leitores do livro parecem ter captado essa dimensão ética a que nos referimos e sua importância para o contexto cotidiano de relações pautadas pelos princípios cristãos, cujo modelo maior é Jesus. Aqueles que quiserem nos escrever nosso endereço é: adprette@ufscar.br e zdprette@ufscar.br

A. Del Prette e Z.A.P. Del Prette

PRÓLOGO

Quando e por que pensamos em escrever este livro? Há vários anos, não sabemos precisar a data, foi surgindo a ideia, a princípio vaga, que aos poucos foi ganhando forma e definição. Ao longo desse tempo, paralelamente ao nosso estudo das relações interpessoais, nos deparamos com inúmeras questões sobre o comportamento cristão na sociedade atual. Muitos participantes de nossos cursos de Psicologia das Habilidades Sociais nos procuravam para conversas particulares, relacionando este ou aquele tema abordado a suas crenças religiosas. Vários, gentilmente, nos presentearam com livros doutrinários ou históricos, de modo que pudemos aumentar nossos conhecimentos sobre algumas religiões ou movimentos religiosos como catolicismo, protestantismo, espiritismo, islamismo, mormonismo etc.

Segundo consta, há atualmente mais de oitenta mil livros, dentre os mais conhecidos, sobre Jesus. Sua personalidade vem sendo reconstruída como filósofo, profeta, judeu, revolucionário, moralista... As características que lhe são atribuídas refletem o viés de cada estudioso. Aqui não poderia ser diferente. Considerando os objetivos deste trabalho, analisamos a vida de Jesus em suas características de relacionamento interpessoal tendo, como ponto central, a categoria *competência social* e evitando, tanto quanto possível, os aspectos que geram polêmica entre diferentes interpretações religiosas.

Se existem tantos livros abordando a vida de Jesus, que, por mais que nos esforcemos, jamais daríamos conta de ler, por que então mais esta obra? Grande parte dos livros sobre Jesus é de cunho teológico ou histórico. Os primeiros discutem questões relacionadas à natureza e aos atributos de Jesus, na perspectiva das várias doutrinas e dogmas religiosos. Os segundos investem na análise da vida de Jesus com base em vários documentos, inclusive os evangelhos históricos, utilizando métodos de ciências como a historiografia, antropologia cultural, sociologia etc. Entretanto não há, em língua portuguesa, *nenhuma* publicação na perspectiva que adotamos. Adicionalmente, uma pesquisa nos bancos de dados de bibliotecas americanas permitiu identificar que, mesmo nos Estados Unidos, apenas *um único livro* aborda tema semelhante ao de nossa preocupação.

Essa lacuna pode ter várias explicações, todavia a mais provável relaciona-se à dificuldade "natural" de se realizar uma análise dos desempenhos sociais de personagens históricos, tomando-se como fonte as biografias existentes, geralmente escritas sem preocupação com detalhes importantes ao pesquisador dessa área. Por outro lado, a própria Psicologia não tem, ainda, uma tradição de análise desses personagens, em especial no Brasil, quando comparada às abordagens sociológicas, que utilizam outras categorias analíticas tais como ideologia, ações coletivas, apropriação, cultura e alienação, entre outras.

Neste livro fazemos, portanto, uma incursão sobre um personagem singular, que dividiu a história da humanidade em dois momentos. A preocupação central, ora explícita ora implícita nesta obra, é que a análise das relações interpessoais vividas ou preconizadas por Jesus pode contribuir para a compreensão e a melhoria das perspectivas sobre as relações interpessoais de nosso tempo.

As questões atuais da sociedade denominada pós-moderna trazem para o homem diferentes impasses. A economia globalizada e a ascendência do capital sem pátria e sem controle parecem corroer a ética e os valores de uma sociedade aparentemente permeada pela cultura cristã. Enquanto uma parte da sociedade ocidental ingere muito mais alimento do que necessita, considerável parcela permanece desnutrida, com milhões de pessoas fazendo não mais do que uma refeição diária. A riqueza da Terra permanece com poucos países, nas mãos de poucas pessoas, em detrimento da maioria. O prazo para diminuir a fome no mundo, com o qual os países desenvolvidos se comprometeram, foi novamente alterado. Enquanto isso, as nações ricas, e também as pobres, continuam aumentando seus recursos com armamentos.

Reagindo a essa situação, milhares de movimentos de solidariedade se espalham por todas as partes do planeta. Uma espécie de sentimento de culpa social parece contagiar a todos. Culpa saudável, que retira as pessoas da frente dos aparelhos eletrônicos de última geração e as leva a conhecer outras vidas, que medram em meio à carência quase total.

Como aproveitar essas experiências, tão enriquecedoras no plano pessoal, para as organizações sociais e governamentais? Esse desafio permanece e se desdobra em outras tantas questões. Dentre elas, parece-nos importante a análise sobre as demandas da sociedade atual para novas relações sociais. Aparentemente, há um consenso de que a sociedade requer uma renovação nos relacionamentos interpessoais e nas práticas culturais. Para tanto, precisamos aprender diferentes habilidades de relacionamento, orientadas por um novo e fecundo paradigma cultural.

Sabemos que não estamos felizes com o modo de muitas pessoas se comportarem, desde jogar bombas sobre os países dos outros, até a resposta grosseira que alguém nos dirige. Isso é fácil descobrir, pois prestamos muita atenção aos comportamentos inadequados das pessoas. Por outro lado, podemos ter certeza de que muita gente não está satisfeita com nosso modo de agir, mesmo que não joguemos bomba nos demais e até nos posicionemos contrários a esse comportamento.

Este livro baseia-se em duas premissas básicas. A primeira é que podemos mudar a nossa maneira de agir. A segunda é que podemos fazer isso com maior efetividade estudando a vida de pessoas extraordinárias. Entre muitas pessoas, escolhemos aquela que foi e é considerada como a mais capaz e influente na mudança dos costumes: Jesus.

Este é, então, um livro sobre Jesus que, partindo do paradigma que ele ensinou e exemplificou e utilizando o referencial teórico das habilidades sociais, analisa os seus ensinamentos sobre relacionamentos interpessoais. Os principais eixos de análise provêm, portanto, da Psicologia das Habilidades Sociais, que é um campo de conhecimento com muitos estudos científicos já amplamente aceitos no exterior e também no Brasil.

Nos dez capítulos deste livro procuramos evitar, tanto quanto possível, o jargão acadêmico, tornando o texto ágil, apenas com as citações necessárias, principalmente as que dão créditos aos pensamentos de outros autores. Os capítulos podem ser lidos separadamente, contudo a leitura sequencial, conforme apresentada, facilita a compreensão, tanto das questões próprias de cada capítulo como do conjunto.

Apenas algumas poucas transcrições dos evangelhos não são acompanhadas de indicação de suas referências. Elas são bastante conhecidas, porém todas as demais recebem referência, algumas com notas explicativas e/ou citações adicionais. Todas as citações evangélicas são endereçadas à Bíblia de Jerusalém, da Sociedade Bíblica Católica Internacional e Paulus (2000). A Bíblia de Jerusalém é bastante utilizada em pesquisa devido à manutenção do estilo supostamente original e, ainda, devido à qualidade do trabalho de tradução e revisão, realizado por uma equipe de exegetas católicos e protestantes.

Não podemos dizer que este trabalho seja apenas nosso, uma vez que foram muitas as ideias que tivemos por meio da leitura e análise de muitas obras, das sugestões dadas por várias pessoas que leram os manuscritos e das inspirações procedentes de conversas e mais conversas sempre que apareceram oportunidades. Isto não nos isenta da responsabilidade por tudo que escrevemos.

É oportuno acrescentar que os estudos dos evangelhos, durante os meses de pesquisa, nos auxiliaram em nossa construção pessoal e em nossa visão da vida, de Deus, do Universo e em nosso relacionamento familiar e com os demais.

Algumas pessoas, com paciência e espírito colaborativo, leram nossos manuscritos, apontando falhas, corrigindo erros, apresentando ideias. Essa colaboração foi inestimável para o aperfeiçoamento e conclusão deste trabalho. Nem todas as sugestões puderam ser utilizadas, mas todas foram por nós cuidadosamente consideradas. Agradecemos carinhosamente a nossos leitores: Cildete Ana P. Teixeira, Edna Maria Marturano, Fabíola Álvares Garcia Serpa, Giovana Del Prette, Layne Avany Ribeiro, Lucas Del Prette, Maria Eny Rossetini Paiva, Maria Lúcia Pereira Franzon, Manoel Francisco Pereira Filho, Mirella Lopez Martini Fernandes Paiva, Miriam Bratfisch Villa, Olívia Toshie Oiko, Osires Del Prette Romero e Yone Del Prette M. Peurino.

Almir Del Prette
Zilda A. Pereira Del Prette

1
NOVAS RELAÇÕES INTERPESSOAIS

As sociedades ocidentais foram fortemente influenciadas em sua constituição primeiramente pelo catolicismo (depositário inicial do ensino cristão) e, posteriormente, pelo protestantismo, cuja pretensão inicial era a da Reforma. Enquanto as igrejas derivadas do movimento empreendido por Lutero, ou formadas depois, passaram a divulgar a Bíblia com um ardor renovado, através de vários recursos, o catolicismo romano permaneceu à margem desse esforço, concentrando-se na liturgia e no catecismo como instrumentos de ensino da fé. Hoje, essas duas grandes forças, embora não monolíticas, disputam adeptos usando todos os meios de comunicação, concentrando-se ultimamente nos recursos da mídia. Os horários de televisão empregados na divulgação de doutrinas religiosas aumentaram consideravelmente. Somando-se a isso o uso da tecnologia eletrônica no interior de muitas igrejas, pode-se avaliar como o esforço de divulgação tem sido grande. O termo "igreja eletrônica" define bem a modernidade da fé.

Apesar desse trabalho dos religiosos, em alguns países como, por exemplo, na Suíça e Alemanha, o número dos que não acreditam em Deus chega a atingir quase a metade da população[1]. Por outro lado, independente da crença em Deus,

---

[1] Esses dados foram divulgados nas revistas *Veja* (dezembro de 2002) e *Super Interessante* (edição 183, dezembro de 2002).

verifica-se um aumento crescente no interesse de estudiosos sobre Jesus[2], cujos ensinamentos constituem a base das religiões denominadas cristãs.

Jesus nasceu em uma época particularmente destacada. Um período de esgotamento de um modelo de relacionamentos e de novas e legítimas aspirações de liberdade e justiça que influenciaram a organização social dos hebreus, romanos, assírios, gregos e outros povos. Nesse contexto, proliferavam reformadores, líderes revolucionários, profetas, magos e adivinhos, buscando com sua mensagem ganhar prestígio, fazer escolas e estabelecer mudanças de maior ou menor importância, dependendo da ambição e da inteligência de cada um. Havia, evidentemente, os sinceros, que se acreditavam portadores de dons especiais, e os charlatões. Estes últimos buscavam, conscientemente, tirar proveito das crendices e do desamparo das massas.

A aristocracia dos hebreus, em conluio com a classe sacerdotal, apesar das advertências de vários de seus profetas, explorava o povo e aceitava a *pax romana* tanto quanto lhe era conveniente. Aos sacerdotes interessavam mais as práticas religiosas de caráter ritualístico, a repetição de fórmulas, as longas orações decoradas, as abluções esmeradas, os sacrifícios e os donativos, do que os ensinamentos dos profetas libertários. A leitura desses profetas mostra o quanto eles atentaram para os problemas do povo. O trecho de Isaías (1,11 e 17), a seguir, põe em evidência essas características:

> Estou farto de holocaustos de carneiros e da gordura de bezerros [...].
> Buscai o direito, corrigi o opressor!
> Fazei justiça ao órfão, defendei a causa da viúva!

---

[2] A editora Martin Claret publicou uma resenha de James H. Charlesworth, das principais obras sobre Jesus, como apêndice do livro *Vida de Jesus*, de Ernest Renan (1995). Esse estudo permite constatar esse interesse dos pesquisadores e os principais temas enfocados.

Interessante salientar que, desde o começo de sua pregação, Jesus rejeitou o processo de controle das massas via ritualização das relações, orientadas e fiscalizadas pelos fariseus. Ele se opôs de maneira corajosa a essa visão. Os evangelhos narram vários conflitos entre Jesus e os fariseus, considerados os mais aplicados nesse tipo de prática religiosa. Ao contrário da maioria de seus conterrâneos, a visão de Jesus sobre Deus e sua justiça ultrapassava o etnocentrismo judaico e se ancorava em uma ideia universalista. Para ele, Jeová não era somente o Senhor de Israel, mas de todas as criaturas e todos os povos. Não era o Deus que se deveria temer, mas o Pai que era preciso amar através de uma disposição positiva em relação a todas as pessoas, pouco importando a nacionalidade e os rituais.

Ainda que compartilhando a noção de um Deus único e o forte orgulho de raça, a organização política judaica era bastante dividida. Se não houvesse estrangeiro para desprezar, os judeus desprezavam-se mutuamente. Aceitar e conviver com o diferente não era coisa fácil, daí porque samaritanos e nazarenos eram considerados inferiores e aquele que se fizesse publicano deveria ser evitado por todos. O povo hebreu sempre viveu ameaçado pela maioria de seus vizinhos próximos ou distantes e, mesmo quando escapava à subjugação, era como se mil olhos estivessem sobre suas riquezas, sobre suas filhas e filhos. Porém, havia algo de notável que mantinha a sua dignidade, apesar de tanto tempo de dominação a que foi submetido. Havia o sonho de um povo unido, o sonho de nação que possivelmente nenhum outro povo jamais aspirou com tanta paixão como o judeu. Essa aspiração o manteve sobrevivente, desenvolvendo suas potencialidades e virtudes.

Foi, portanto, no seio de um povo apaixonado e sonhador que Jesus nasceu, na pequena localidade denominada Galileia, em Nazaré[3], onde viviam também alguns "estrangeiros" como fenícios, sírios e gregos que partilhavam, até certo ponto, a cultura local. Supõe-se que o lar da infância de Jesus era humilde, e, como era comum na época, seus pais o iniciaram no conhecimento da tradição religiosa. Nessa terra, Jesus passou quase toda a sua infância e se desenvolveu em "estatura, graça e sabedoria".

Pouco se sabe como ocorreram seus primeiros anos de vida. Está registrado que, em uma festa religiosa, o pequeno Jesus, com 12 anos (segundo o evangelho de Lucas 2,42) teria deixado seus pais para conversar com os sacerdotes (rabinos) e intérpretes da Lei (o Pentateuco e os Profetas) mostrando, desde cedo, sua curiosidade por temas transcendentes. Entretanto, ainda que se queira ligar suas noções religiosas ao judaísmo ortodoxo e mesmo admitindo que Jesus participava de muitos costumes judeus (festas, orações), suas idéias não se ajustam, não se relacionam em vários aspectos, senão apenas a algumas doutrinas como a do monoteísmo, a certos aforismos da tradição e a alguns itens do Decálogo.

O relato dos evangelhos sobre o início do movimento cristão, realizado durante a vida de Jesus, compreende um período aproximado de três anos. Um tempo em que muita coisa aconteceu (como revoluções, mudanças de governador, repressão cruel de Roma sobre o povo judeu), enquanto Jesus e seu movimento permaneceram obscuros. Naquela época, acreditava-se que o mundo era mais do que se via e se podia apalpar. Havia um mundo de forças desconhecidas, oculto, que

---

[3] Embora o relato de Lucas aponte que Jesus nasceu em Belém, Mateus não confirma essa localidade como o lugar de nascimento de Jesus. Marcos e João não esclarecem essa questão. Os estudiosos, com base em descobertas mais recentes, indicam que Jesus teria nascido em Nazaré. Ver, entre outros, John Dominic Crossan. *Uma biografia revolucionária de Jesus* (Rio de Janeiro: Imago, 1995).

não apenas influenciava a realidade, mas até a construía cotidianamente. Muitos séculos depois, com Descartes e Newton, é que essa visão se alterou para um mundo mecânico, ordenado e previsível. Um mundo novo, em que tudo podia ser explicado e enquadrado em teorias e laboratórios. Porém, isso não durou muito. Há não muito tempo, alguns pensadores, no âmbito da Física, passaram a questionar o mecanicismo que orientou a compreensão da natureza. Admite-se então, a existência de forças que desconhecemos e que podem, eventualmente, ser liberadas através do pensamento ou da oração[4]. Evidentemente, isso não significa um retorno àquele passado remoto, mas traz a possibilidade de um olhar diferente sobre o que aconteceu há cerca de dois mil anos atrás.

1. O PARADIGMA DE JESUS

Pode-se afirmar que o paradigma[5] judaico sobreviveu na cultura e até hoje orienta as relações interpessoais,

---

[4] Há uma ampla literatura que trata desse assunto. Entre outros, F. Capra. *O ponto de mutação – A ciência, a sociedade e a cultura emergente* (São Paulo: Cultrix, 1982) e C. Grof e S. Grof. *A tempestuosa busca do ser* (São Paulo: Cultrix, 1990).

[5] De modo geral podemos falar em paradigmas culturais e paradigmas científicos. Os primeiros são modos de interpretar o mundo e, em decorrência, influenciam os comportamentos, as crenças e as práticas sociais. Os segundos são modelos que orientam o fazer científico. Ambos se interpenetram, em vários momentos da história. No passado acreditava-se que o Sol se movia e a Terra estava fixa e era plana. O paradigma podia ser chamado de geocentrismo e a ideia de que a Terra era plana gerava muitas crenças como, por exemplo, de que ela era sustentada por um enorme elefante. Depois se descobriu que era a Terra que girava em torno do Sol, ou seja, um novo paradigma surgiu, o heliocentrismo. Durante a passagem de um paradigma para o outro, muitos conflitos apareceram. Um cientista chamado Galileu, que sustentava que a Terra se movimentava em torno do Sol, teve que se desdizer perante o Papa para não sofrer penalidade severa. Os dois aforismos de Jesus podem ser considerados como paradigmas culturais, porque propõem uma grande modificação na cultura e nas práticas sociais.

intergrupais e, mesmo as relações entre Estados. No caso das relações entre países, Israel e Estados Unidos da América são exemplos marcantes, nos dias atuais, de ações orientadas pela diplomacia da força. As respostas desses países são, quase sempre, em proporção bem maior do que a da agressão recebida. Esse paradigma, denominado pelos judeus de "olho por olho e dente por dente", permeia a nossa sociedade, opondo-se aos principais valores disseminados pelo cristianismo. As igrejas, contraditoriamente, algumas vezes se deixam levar pela antiga noção sobre o modo de conviver, atacando-se mutuamente e disputando adeptos de maneira nem sempre condizente com a ética da conduta cristã que divulgam.

O paradigma de Jesus pode ser sintetizado principalmente por duas de suas máximas, tantas vezes enfatizadas, a serem pensadas de maneira complementar: "Ama a Deus sobre todas as coisas e ao próximo como a ti mesmo" e "Tudo aquilo que quereis que os homens vos façam, fazei-o vós a eles", tomando-se a segunda como uma espécie de operacionalização da primeira.

Para Jesus, o enunciado de amar a Deus e ao próximo como a si mesmo é axiomático (isto é, não exige demonstração como, por exemplo, quando se diz, nos dias de hoje, "a Terra se movimenta") e encerra toda a lei. Como pode uma pessoa amar a outra se não tem amor a si mesma? E como pode amar a Deus se não ama a ninguém? O amor de si dá a condição para o amor a outrem, que por sua vez realimenta o próprio amor a Deus e o amor próprio em sua proporção mais justa.

O segundo aforismo – "Tudo aquilo que quereis que os homens vos façam, fazei-o vós a eles" – foi intensamente exemplificado por Jesus, antes mesmo de anunciá-lo. Em todas as situações, Jesus se mostrou congruente com o que ensinava. Essa congruência (comportar-se de acordo com o que pensa e sente) permitiu-lhe viver livre de conflitos internos e manter uma grande serenidade, mesmo nas mais difíceis situações.

Na verdade, dos dois aforismos (máximas) que aqui estão sendo considerados como um novo paradigma, o segundo também está presente na antiga sabedoria de muitos povos, mas ganha, com Jesus, um caráter de novidade porque, em primeiro lugar, ele inequivocadamente se comportou com base no que pregava e, em segundo lugar, porque ensinou um conjunto de comportamentos decorrentes da aceitação desse modelo. Esse aforismo, chamado de Regra de Ouro, pode ser explicitado também na negativa: "não faças aos outros o que não queres que eles façam a ti". Essa era a forma consagrada no judaísmo antigo e utilizada, três séculos antes de Jesus, pelos discípulos de Confúcio na China[6].

Com o amor ao próximo e o fazer a ele o que desejais que vos façam, Jesus propunha, portanto, uma revolução nos costumes, estabelecendo que o relacionamento entre as pessoas deveria ocorrer com base no respeito recíproco e, em caso de desequilíbrio ocasionado por falhas de desempenho de um dos parceiros da interação (ou de ambos), o equilíbrio deveria ser restabelecido através da solicitação e aceitação do perdão:

> [...] portanto, se estiveres para trazer a tua oferta ao altar e ali te lembrares de que o teu irmão tem alguma coisa contra ti, deixa a tua oferta ali diante do altar e vai primeiro reconciliar-te com teu irmão; e depois virás apresentar a tua oferta. Assume logo uma atitude conciliadora com o teu adversário, enquanto estás com ele no caminho (Mateus 5,23-24).

De fato, Jesus condiciona a relação com o sagrado (oferta, altar, oração) a um relacionamento de respeito com o outro.

---

[6] Stephen Mitchell faz um belo comentário sobre esse aforismo de Jesus em seu livro *O Evangelho segundo Jesus* (Rio de Janeiro: Imago, 1994).

Esse outro, chamado *próximo*, na teoria e na prática podia ser qualquer indivíduo, inclusive o estrangeiro. No ensino registrado por Mateus, a iniciativa de reconciliação parte daquele que cometeu a falha; porém, isso pode não ocorrer por vários motivos, entre os quais a dificuldade que muita gente possui de pedir desculpa ou perdão. Para algumas pessoas, solicitar perdão é uma tarefa árdua, mais difícil do que perdoar, pois precisa vencer o orgulho e a vaidade. Quando isso acontece, a "parte ofendida" poderia criar condições facilitadoras, como por exemplo, em uma situação de grupo dirigir-se ao "ofensor", demonstrando não guardar ressentimentos.

Com base nessas máximas, Jesus não apenas anunciava o Reino, mas vivia-o intensamente, supondo um igualitarismo radical entre todos, onde o mérito a ser reconhecido é o do amor, definido em termos de doação ("aquele que quiser ser o maior no Reino, antes seja ele servo de todos"). Para Jesus, tratava-se de um amor tridimensionado: na primeira dimensão, o amor em relação a Deus, que verdadeiramente poderia ocorrer através da segunda dimensão, a do amor ao próximo, que condiciona ao amor a si mesmo (terceira dimensão do amor). A parábola (Lucas 18,9-14) sobre a oração do fariseu e do publicano ilustra de maneira admirável esse pensamento, menos complexo do que pode parecer.

> Dois homens subiram ao Templo para orar; um era fariseu e o outro publicano. O fariseu, de pé, orava interiormente deste modo: "Ó Deus, eu te dou graças porque não sou como o resto dos homens, ladrões, injustos, adúlteros, nem como este publicano; jejuo duas vezes por semana, pago o dízimo de todos os meus rendimentos". O publicano, mantendo-se à distância, não ousava sequer levantar os olhos para o céu, mas batia no peito dizendo: "Meu Deus, tem piedade de mim, pecador!" Eu vos digo que este último desceu para casa justificado, o outro não.

A narrativa contrapõe dois tipos psicológicos: o do fariseu e o do publicano. O primeiro aparentemente amava a Deus e a si, mas não amava aos demais indivíduos. Toda a sua segurança provinha de sua adesão incondicional ao cumprimento dos ritos e, como reprimira os sentimentos, transformava-os em ações religiosas burocratizadas, sentindo-se acima dos demais. O que experimentava era um falso amor, portanto sua oração (comunicar-se com) não foi justificada, não se concretizou. Por outro lado, o publicano é mostrado como um homem não vaidoso, conhecedor de sua condição espiritual, que não possuía o ego inflado (excessivo amor de si), conseguindo admitir que falhava (pecador), por isso sua oração se justificou.

Estudiosos dos novos textos descobertos no século vinte[7] supõem que alguns grupos de seguidores de Jesus davam ênfase a seus ensinos (máximas e parábolas), procurando viver conforme entendiam tais ensinamentos. Todavia, esses grupos acabaram por desaparecer e aos poucos se foi dando maior destaque à vida de Jesus, seu possível martírio e às curas por ele realizadas. A partir do segundo século de nossa era, o sacrifício e os milagres povoaram as prédicas, o imaginário popular e a prática religiosa. Interessante registrar que curas, feitos espetaculares e sofrimento estiveram presentes na vida de muitos indivíduos excepcionais, fossem eles profetas, filósofos ou idealistas. Em nosso entender, entretanto, há uma extraordinária distância entre Jesus e outros profetas ou taumaturgos (fazedores de milagres), principalmente na compreensão que ele tinha de Deus e, como consequência,

---

[7] São muitos os autores, podemos citar entre outros: Burton L. Mack. *O evangelho perdido – O livro de Q e as origens cristãs* (Rio de Janeiro: Imago, 1994); John Dominic Crossan. *Uma biografia revolucionária de Jesus* (Rio de Janeiro: Imago, 1995); John P. Meir. *Um judeu marginal – Repensando o Jesus histórico* (Rio de Janeiro: Imago, 1996, em três volumes).

sua defesa da necessidade de alterarmos a maneira com que nos relacionamos uns com os outros, no aqui e agora.

2. UM REINO DIFERENTE

Muitas passagens dos evangelhos parecem indicar que Jesus, ainda que respeitasse a lei mosaica, embora não em sua totalidade, não pretendia ter seus ensinamentos confundidos com o judaísmo e nem ele próprio ser considerado um rabi nos moldes convencionais. Costumava dizer: "Ouvistes o que foi dito aos antigos, amai vossos amigos e odiai vossos inimigos, *porém eu vos digo*, amai mesmo aos que vos perseguem e vos caluniam" (itálico dos autores). Desde o início de sua pregação, Jesus procurava enfatizar essas diferenças. Ao jovem rico, que já fazia tudo o que a lei prescrevia e lhe perguntou o que mais deveria fazer para ganhar a vida eterna, Jesus faz uma proposta ousada, que certamente nenhum judeu seguidor da religião oficial faria: "Vai e distribui tudo o que tens aos pobres"[8]. Evidentemente, a tarefa que Jesus assumiu não se limitava a Nazaré, nem a Israel. Seu objetivo era maior, ultrapassava o povo judeu e deveria atingir os gentios (todas as gentes).

Exegetas católicos e protestantes defendem que o Reino do qual Jesus falava pode ser entendido como algo em curso, mas que deverá se concretizar no final dos tempos. Permanece, no entanto, no imaginário popular, que esse Reino se refere a um *lugar* prometido para um tempo futuro, designado pelas

---

[8] Mateus 19,20; Marcos 10,17. É interessante pensarmos sobre o porquê desta questão feita pelo jovem rico, uma vez que ele, conforme disse, cumpria todos os mandamentos do Decálogo. Certamente, em seu íntimo, ele suspeitava que não era o bastante. É provável que se sentisse incomodado com tanta miséria enquanto ele era muito rico. Embora alguns mandamentos sejam bem claros, com proibições do tipo "não matarás" e "não furtarás", o afirmativo "amarás o teu Deus de todo teu coração..." (Êxodo 19,20) talvez não fosse tão simples para ele entender e, portanto, difícil de saber se estava ou não cumprindo-o.

religiões genericamente de céu, cuja constituição não depende do esforço humano, mas sim da vontade de Deus. É Ele quem vai julgar, selecionar e atribuir, restaurar a justiça e a paz. Não entraremos na controvérsia sobre a salvação pela graça ou pela obra ou se o próprio termo *salvação* pode possuir um sentido diferente de como é usualmente empregado. Deixemos qualquer discussão teológica para dar ênfase a um aspecto de concordância geral: o da construção do Reino, agora e aqui.

A compreensão de Jesus sobre Deus levava-o a projetar um Reino possível de ser construído no aqui e agora, sem excluir nenhuma nação ou grupo. Esse Reino, que Jesus anunciou como estando "entre vós", é algo que começa a medrar devagar (como o levedo na massa) com a descoberta, pelo homem, de suas potencialidades ("Vós sois deuses") e o seu exercício cotidiano ("Vai tu e faze o mesmo"). Para esse Reino, todos são chamados, em especial os párias, os injustiçados, os impuros; todos aqueles que têm "fome e sede de justiça", porém a sua conquista é pelo esforço permanente ("Por que me chamais 'Senhor, Senhor!' mas não fazeis o que eu digo?"), mais do que pela louvação. Um Reino em que caberiam todos (judeus e gentios) os que pautassem suas vidas pelos seus principais aforismos.

Essa noção de um Reino diferente também pode ser ilustrada pela vida de Jesus no cotidiano de suas relações com os demais. Tomemos, como exemplo, a habilidade de perdoar. Como os judeus estavam mais preocupados com os aspectos exteriores da religiosidade, facilmente aquilatados na observância da lei, do que com a sua essência, Jesus diz a Simão que devemos perdoar não apenas sete vezes, mas "setenta vezes sete". Mais uma vez fica evidente que Jesus se opunha à religiosidade ritualística. Raciocinando com o pensamento farisaico, sempre preocupado com as normas, Jesus realiza uma desconstrução desse modo de pensar, uma vez que mesmo os letrados (cerca de apenas cinco por cento da população judaica) encontrariam dificuldade de observar, calcular e somar a frequência com que perdoariam o próximo, até o limite prescrito.

Muitos discípulos de Jesus não possuíam uma noção concreta do que seria o Reino e o entendiam a partir das analogias que podiam fazer com o poder local ou o poder de Roma, projetando-o dentro de uma circunscrição, governada pela autoridade de um rei. A expressão "meu Reino não é desse mundo" desautoriza essa concepção. Se Jesus acolhesse as sugestões daqueles que o viam como libertário no sentido tradicional, como os zelotes, por exemplo, e liderasse uma sublevação armada, ainda que expulsasse os romanos sua vitória seria efêmera. Seu nome seria um a mais na longa lista de revolucionários: ao repelir tal sugestão conseguiu escrever a história de um nome e não apenas inscrever um nome na história. Esse (o poder de Jerusalém ou de Roma) não era o seu Reino! O que ele pretendia era fundar um Reino com base no amor, na exaltação da vida, da justiça e liberdade e não a sua domesticação pela burocratização do sentimento religioso. "Vim para que tenham vida e a tenham em abundância".

Mas, se a cultura e os costumes seguiam em direção oposta às premissas do Reino, como implantá-lo? Um amplo movimento de contracultura deveria ser iniciado. Para tal, todo sentimento de exclusivismo deveria ser substituído pelo da inclusão. A noção de um grupo ou classe acima dos demais, a crença de que Deus privilegiaria um povo em detrimento de outros, ainda tão comuns nos dias atuais, deveriam ser desconstruídas. A atitude amorável não poderia se circunscrever a uma casa, uma vila, um templo. Jesus exemplificou em direção oposta ao egocentrismo e ao etnocentrismo, a começar nas relações familiares.

Ampliando o conceito de família, Jesus se opôs à visão tradicional, que a configurava essencialmente como uma organização econômica, com os filhos trabalhando para os pais em um regime de exploração. A família reproduzia, assim, a estrutura de poder da sociedade judaica. Quanto à mulher, para ser valorizada devia dar à luz crianças do sexo masculino e quando isso não sucedia, as famílias de posse podiam arrumar uma escrava para o papel de procriadora, o que conferia a esta, muitas vezes, um status maior do que o da esposa.

Para Jesus, os pais, irmãos e demais parentes eram aqueles que faziam a vontade de Deus. Sua resposta, incontinenti, sobre qualquer alusão a deveres familiares que o impedissem de realizar seu ideal, mostrava a preocupação em modificar os conceitos existentes.

> Felizes as entranhas que te trouxeram e os seios que te amamentaram! Ele, porém, respondeu: Felizes, antes, os que ouvem a palavra de Deus e a observam (Lucas 11, 27-28).

Associada a uma nova noção sobre família, Jesus realizou também uma desconstrução do papel social reservado à mulher, que é importante destacar porque traz elementos adicionais para compreender as implicações, não exclusivamente religiosas, do paradigma cristão em relação ao pensamento predominante no momento histórico em que apareceu.

3. UMA NOVA VISÃO SOBRE A MULHER

Há, no relato bíblico, duas versões para a criação da humanidade. Na primeira, Deus fez todas as coisas e, em seguida, *simultaneamente*, criou o homem e a mulher (Gênesis 1,26-27); na segunda (Gênesis 2,7-22), Deus primeiramente fez o homem, depois os animais e, *por último*, fez a mulher. Esse posicionamento da mulher na ordem da criação e a culpa que se lhe atribui pela perda do paraíso fazem parte da visão masculina de mundo e é resultante do domínio que o homem exerceu, criando uma sociedade patriarcal autoritária.

A história do povo hebreu registra, também, a influência exercida por algumas mulheres na comunidade. Por exemplo, Débora e Míriam profetizaram e incentivaram os homens a não se acovardarem diante das adversidades. Fora esses casos esporádicos, algumas mulheres são lembradas porque eram lindas, sedutoras, cruéis (Dalila e Salomé) e conseguiram seus objetivos usando as armas da sedução. No mais, eram tratadas como auxiliares dos homens (as esposas) e mercadorias (as filhas) dadas em casamento conforme os interesses das famílias. O próprio patriarca Abraão agiu de maneira desleal com sua mulher, Sara, pedindo-lhe que se fizesse passar por sua irmã, porque ela era muito bonita e havia agradado ao Faraó do Egito[9]. Outros registros ilustram essa visão negativa sobre a mulher. Há o caso, bastante popular, das irmãs Raquel e Lia, sempre contado nas perspectivas do amor de Jacó por Raquel, ou da esperteza do pai delas, um tal de Labão (Gênesis 29,15-30). Não há menção ao quanto o pai foi cruel, desumano e caloteiro e Jacó passivo, não sabendo lutar pelo seu direito, ao acomodar-se a esta situação.

Embora os profetas pregassem a favor de se conceder maior cuidado para com as mulheres (em geral referiam-se às viúvas), a cultura e a tradição mantinham um desnível acentuadamente favorável ao homem. Consta que o judeu

---

[9] Esse comportamento de Abraão aparece em dois registros: o primeiro em relação ao Faraó do Egito (Gênesis 12,11-16), de onde ele sai proprietário de ovelhas, bois, camelos e servos; o segundo aconteceu diante do rei de Gerara, Abimelec (Gênesis 20,3-16), quando ele enriquece mais ainda.

ortodoxo, ainda até os dias de hoje, costuma incluir, em sua oração matinal, as palavras: "Abençoado sejas, Senhor, por não me teres feito mulher"[10].

Sendo considerada inferior, a mulher era incumbida de tarefas "menos nobres", enquanto ao homem cabiam as atividades mais importantes como, por exemplo, o exercício da medicina. A medicina, por sua vez, servia ao poder, atestando quem devia ser separado dos demais e quem devia ser integrado. Não é surpreendente, portanto, a narrativa, no Novo Testamento, sobre a doente que, com hemorragia permanente, foi curada graças à intervenção de Jesus. Marcos (5,25-28) é enfático ao afirmar que a mulher "muito sofreu nas mãos de vários médicos, tendo gasto tudo o que possuía, sem nenhum resultado". Os médicos cobravam por um tratamento que na verdade não realizavam, o que era socialmente justificado porque, além de inferior, a mulher era considerada *legalmente* impura devido ao sangramento.

Os próprios seguidores de Jesus não escaparam do preconceito contra as mulheres. Enquanto Jesus esteve presente, elas participaram do movimento. Posteriormente, foram cada vez mais sendo colocadas em um plano inferior na ordem das coisas. Os apóstolos não deram crédito a Maria Madalena, Joana e Maria quando estas relataram o encontro com Jesus (Lucas 24,9-11), pensando que elas deliravam. Aceitaram, no entanto, o relato semelhante feito por duas pessoas do sexo masculino (Lucas 24,33-35). Paulo, por sua vez, estabeleceu regras severas quanto à proibição da participação das mulheres nas igrejas, inibindo qualquer influência que elas pudessem exercer no movimento cristão. Em sua primeira carta a Timóteo (2,12-14), ele escreveu:

---

[10] Essa forma de orar é narrada por Mark Tully em *Deus, judeu, rebelde, o Jesus oculto – Uma investigação sobre as vidas de Jesus* (Lisboa: Terramar, 1997).

> Durante a instrução, a mulher conserve o silêncio, com toda submissão. Eu não permito que a mulher ensine ou domine o homem. [...] Porque primeiro foi formado Adão, depois Eva. E não foi Adão quem foi seduzido, mas a mulher que, seduzida, caiu em transgressão.

O cristianismo passou a ser uma religião formalmente masculina e até hoje é assim. Jesus, no entanto, tratava a mulher com muita consideração e respeito. Não tinha para com elas uma atitude paternal, salvo algumas exceções, quando a situação o exigia. Conversava com elas por longos períodos de tempo, incentivando-as em seus interesses, para além dos papéis a que estavam destinadas na sociedade patriarcal.

Com algumas, Jesus desenvolveu um relacionamento muito próximo. Aceitava de bom grado a amizade de Maria Madalena e, também, de outra Maria e sua irmã Marta, buscando a companhia delas sempre que podia. Dentre as pessoas que realçou como exemplo de conduta (modelo), muitas eram mulheres, como a viúva que com sacrifício fazia sua contribuição ao Templo. O fato é que Jesus, propositalmente, buscou projetar sobre elas uma visão diferenciada, consubstanciada em um novo tipo de relacionamento, ensinando aos homens novas maneiras de se comportarem em relação às mulheres.

O encontro que teve na fonte de Jacó, com a samaritana, ilustra a atitude positiva de Jesus em relação à mulher. Ela, a princípio, se surpreendeu pelo fato de ele, sendo nazareno, dirigir-lhe a palavra. Jesus procurou mostrar-lhe que, mais importante do que o local de nascimento, era a condição espiritual da pessoa. Essa estratégia se mostrou efetiva e o diálogo seguiu sincero. A mulher sentiu-se confiante e a ele se revelou, exibindo uma inteligência viva, raciocinando além da visão restrita dos judeus e do maniqueísmo teológico da doutrina sobre Jeová[11]. Tendo oportunidade de conversar com alguém como Jesus, ela fez uma das mais belas perguntas registradas nos evangelhos, quanto ao local onde se deveria adorar a Deus, objeto de polêmica na cúpula religiosa. Jesus aproveitou a ocasião para, uma vez mais, apresentar sua visão a respeito de Deus (João 4,19-25). O evangelista registrou que, após o diálogo, a samaritana procurou sua comunidade, relatando tudo o que havia ocorrido, facilitando o contato posterior de Jesus com os samaritanos.

A passagem envolvendo Maria e Marta é igualmente ilustrativa dessa posição assumida por Jesus. Enquanto Maria procurava se instruir com Jesus, Marta assumia o papel tradicional, ocupando-se dos afazeres domésticos. Marta assertivamente reclama, reivindicando a ajuda da irmã. Jesus defende Maria, por fazer uma escolha acertada e adverte a outra: "Marta, Marta, tu te inquietas e te agitas por muitas coisas; no entanto, pouca coisa é necessária, até mesmo uma só". Evidente que Jesus não se opunha à divisão de tarefas domésticas, mas aproveitou o ensejo para evidenciar que os papéis sociais podem ser mudados e que, em algumas ocasiões, precisamos fazer escolhas entre o relevante e o secundário.

Observa-se atualmente uma preocupação excessiva de homens e mulheres com a limpeza da casa, quintal, veículos e objetos de coleção, o que pode se tornar uma fuga do encontro consigo mesmo e uma esquiva a um compromisso maior diante da vida. Horas gastas polindo objetos, esfregando, arrumando, refazendo o ritual obsessivamente, transformam-se em um culto alienante, anestesiando a consciência para coisas essenciais:

---

[11] Os samaritanos eram rebeldes em relação a muitos dos preceitos religiosos. A liberdade com que praticavam a religião fazia com que fossem considerados inferiores e todo contato com eles devia ser evitado. A formação do povo samaritano e suas contradições estão narradas em 2Reis 17,24-28.

aqueles "tesouros nos céus, onde nem traça, nem o caruncho corroem e onde os ladrões não arrombam nem roubam" (Mateus 6,20).

2

A COMPETÊNCIA INTERPESSOAL DE JESUS

Dificilmente encontraremos, no estudo da história da humanidade em todos os tempos, alguma pessoa que possuiu o extraordinário conjunto de capacidades de Jesus. É certo que os registros indicam a existência de homens notáveis com poderes de curar, de ensinar, de criar, de comandar, porém nenhum deles pode ser comparado a Jesus, principalmente no que diz respeito ao movimento de transformação da cultura que criou. Nomes como Lao-Tsé, Confúcio, Sócrates, Paracelso, Copérnico, Francisco de Assis e outros, são todos respeitáveis; no entanto, não impuseram a si mesmos a tarefa da envergadura que assumiu Jesus.

O objetivo de transformação da cultura a que Jesus se propôs, embora ainda em andamento, se ancorou, de alguma maneira, nos resultados imediatos do movimento daquela época. Tais resultados se devem diretamente a Jesus, estudado ao longo da história sob diferentes perspectivas. Para alcançar esse objetivo, Jesus deveria possuir uma grande competência interpessoal. Essa competência pode ser considerada em três dimensões essenciais: a) capacidade de congregar pessoas e motivá-las a segui-lo; b) capacidade de articular, de maneira coerente, uma doutrina alternativa sobre a justiça e aplicá-la às relações entre as pessoas e grupos; c) capacidade de ensinar essa doutrina às massas através de um método eficiente. Essas três dimensões aparecem, de forma geralmente integrada, em diferentes contextos da vida de Jesus: na escolha e arregimentação de discípulos, nas suas atividades de cura e na sua maneira de ensinar. Embora essas atividades, na maioria das vezes, ocorressem simultaneamente, pode-se analisar cada uma delas em separado como forma de destacar as habilidades interpessoais que caracterizavam a competência interpessoal de Jesus.

1. A SELEÇÃO DOS DISCÍPULOS

Um movimento social, para se iniciar e se propagar, precisa agregar recursos, principalmente humanos, ou seja, pessoas que creem na justeza das ideias e dos fins. Nisso também Jesus deu mostra de extraordinária competência. O problema imediato com que se defrontou foi o de selecionar pessoas para a formação de uma equipe de confiança, que possuíssem motivação para aprender e se organizassem para realizar as tarefas sem, contudo, deixarem suas atividades ligadas à subsistência própria e da família. Jesus, então, estabeleceu uma equipe, fechada em doze integrantes, referida nos evangelhos como "os Doze"[1]. Preferiu recrutar pessoas de diferentes condições tendo, como critério fundamental, a *vontade* delas de mudar de vida. Isso o levou a formar um grupo heterogêneo em vários aspectos, tais como: a) idade (João estava na adolescência enquanto outros, como Simão e André, na madurez); b) atividade de trabalho (a maioria era formada por pescadores, mas havia alguns que eram proprietários de barcos e um coletor de impostos, chamado publicano, profissão mal afamada entre os judeus); c) educação (Mateus e Judas eram os mais letrados,

---

[1] Alguns historiadores como, por exemplo, Mark Tully (obra já citada), supõem que Jesus tenha sido um dos discípulos de João Batista, substituindo-o após a sua morte, na liderança do movimento. Não é objetivo de nosso trabalho analisar essas controvérsias.

enquanto os demais, a exemplo de Simão, apelidado de Pedro, eram pessoas simples).

Jesus bem sabia que seus seguidores teriam muita dificuldade para compreendê-lo e para compreender o que era esperado deles. Sabia que a equipe iria amadurecer aos poucos e qualquer atitude de sua parte que pudesse ser interpretada como predileção por alguém poderia resultar em ciúmes e dissensões. Por isso, evitou qualquer hierarquia[2] no grupo e determinou que todos se tratassem como irmãos, ainda que algumas atividades fossem atribuídas a uns e não a outros. Por exemplo, Pedro, Tiago e João eram chamados para acompanhar Jesus em algumas situações[3] e Judas cuidava da parte financeira do grupo, porém todos deviam participar das atividades coletivas de atendimento aos que o procuravam. Posteriormente à formação desse grupo, Jesus recrutou outros discípulos, ampliando consideravelmente o número de participantes no movimento para setenta e dois. Pode-se supor que os Doze recebiam instruções especiais e lideravam a equipe ampliada, formando outros grupos e realizando tarefas mais complexas[4].

Evidente que Jesus possuía uma extraordinária capacidade de observação. Nada lhe passava despercebido. Ele conhecia profundamente as pessoas ao olhar para elas. Seus primeiros discípulos foram recrutados em Cafarnaum, onde viveu na juventude. Praticamente toda a população de Cafarnaum e

---

[2] Lucas 9,46; Mateus 17,22. "Em casa, ele lhes perguntou: 'Sobre o que discutíeis no caminho?' Ficaram em silêncio, porque pelo caminho vinham discutindo sobre qual era o maior. Então ele, sentando-se, chamou os Doze e disse: 'Se alguém quiser ser o primeiro, seja o último de todos e o servo de todos'".

[3] Mateus 10,1-14. "Chamou a si os Doze e começou a enviá-los dois a dois. E deu-lhes autoridade sobre os espíritos impuros. Recomendou-lhes...".

[4] Lucas 9,28. "Tomando consigo a Pedro, João e Tiago, ele subiu a montanha para orar. Enquanto orava, o aspecto de seu rosto se alterou, suas vestes tornaram-se fulgurantes...".

arredores dependia da pesca realizada no lago de Tiberíades. Tratava-se de gente afável, de vida simples, integrada à bela natureza, que se comprazia com os costumes próprios de oferecer hospedagem aos viajantes e ouvir as histórias que contavam. Foi ali, às margens do lago de Tiberíades, que Jesus chamou os irmãos Simão e André (filhos de um comerciante de pesca, chamado Jonas) e depois Tiago e João, filhos de Zebedeu, igualmente proprietário de barcos de pesca.

Jesus não desperdiçava oportunidades para conhecer pessoas, observando-as constantemente e, igualmente, o que acontecia à volta delas. O chamamento de Zaqueu ilustra bem essa capacidade de Jesus. Zaqueu era um homem rico, influente na comunidade e pretendia conhecer Jesus. Quando Jesus estava passando, uma grande multidão compareceu para vê-lo. Zaqueu, como possuía baixa estatura, não podia avistá-lo. Então, sem se importar com as convenções e sobre o que diriam de "um homem de sua classe", decidiu subir ao alto de uma árvore (sicômoro, espécie de figueira) para melhor poder enxergar o mestre e sua comitiva. Jesus, atento, logo percebeu sua simplicidade e coragem e, dirigindo-se a ele, anunciou que se hospedaria em sua casa naquele mesmo dia (Lucas 19,1-10). Jesus via além das aparências e convenções e demonstrou isso evidenciando que uma pessoa não pode ser avaliada pela estatura, condição social, local de nascimento etc.

Ao que parece, Jesus colocava o desejo, a disposição da pessoa de mudar de vida, como critério principal, acima de qualquer outro atributo ou habilidade como inteligência, capacidade de discursar, ser bem conceituado, ser empreendedor etc. Com tais pessoas, Jesus possuía uma paciência inesgotável. Dois acontecimentos ilustram bem o quanto ele valorizava o desejo sincero de mudança: um ocorreu com Maria de Magdala, com quem Jesus teve vários contatos, orientando-a, sem censurá-la no tipo de vida que levava; o outro foi o de atender tarde da noite um homem chamado Nicodemos, presumivelmente por ser muito atarefado, pois se tratava de um doutor da lei ou porque não pretendia ser identificado. Este possuía muitas dúvidas, procurou Jesus e foi por ele esclarecido.

2. A PEDAGOGIA DE JESUS

À medida que o movimento se expandia, novas e crescentes demandas surgiam. Pessoas das mais diferentes condições o procuravam. Somente depois de algum tempo foi que Jesus dividiu com os discípulos parte das atividades que ele próprio realizava, sendo consultado quando o caso requeria sua intervenção. Entre as tarefas atribuídas, estava a de instruir quanto a um novo padrão de comportamento e de relacionamento e a de curar. Jesus reunia-se com os discípulos (os Doze) em diferentes lugares, com o propósito de orientá-los. No entanto, devido às circunstâncias, reunia-se com maior frequência na casa de Pedro, onde era muito bem recebido por todos. Ali, ao anoitecer, ele falava sobre a esperança de uma vida diferente, de um novo tempo, das potencialidades humanas e do que o Pai reservava ao justo. Respondia a perguntas e também fazia inúmeras perguntas.

Pode-se identificar, no programa de Jesus, dois grandes grupos de procedimentos pedagógicos, não necessariamente excludentes quanto à aplicação: a) os aforismos, que tocam basicamente as emoções e, secundariamente, a cognição; b) as parábolas e os discursos, que atingem simultaneamente a emoção e a cognição e requerem mudanças de comportamento. Os aforismos, muitos dos quais pertenciam às tradições antigas, eram vivificados na fala de Jesus, devido à sua capacidade de empregá-los como síntese de questões que invariavelmente poderiam levar a discussões intermináveis. As parábolas e os discursos de Jesus estavam sempre repletos de ilustrações, visando facilitar o entendimento dos ouvintes. As ilustrações fazem referência, conforme já foi dito, a situações próprias do cotidiano das pessoas ou a metáforas facilmente reconhecidas e assimiladas.

Suponhamos que um professor deseja que seus jovens alunos adquiram mais confiança em si mesmos e participem ativamente de um programa educativo em uma favela. Ele poderá recorrer a um filme em que o personagem principal vence as dificuldades porque persiste em seus objetivos e, então, fazer perguntas aos alunos, procurando realçar a qualidade do protagonista da história. Na maioria das vezes, os heróis possuem qualidades excepcionais, poderes secretos ou são protegidos por divindades misteriosas. Certamente, esse pode ser considerado, tecnicamente, um bom procedimento. Os alunos, no entanto, permanecerão apáticos enquanto não ocorrer o processo de identificação com o personagem. E isso comumente não acontece porque o modelo está muito distante (em vários aspectos) dos alunos. Jesus procurou, sabiamente, encurtar essa distância. Ele não dispunha de recursos de mídia, contava tão somente com suas habilidades educativas. Podemos citar, como ilustração, a parábola contada em resposta à pergunta: "E quem é meu próximo?"

> Um homem descia de Jerusalém a Jericó e caiu no meio de assaltantes que, após havê-lo despojado e espancado, foram-se, deixando-o semimorto. Casualmente, descia por esse caminho um sacerdote; viu-o e prosseguiu. Igualmente um levita, atravessando esse lugar, viu-o e prosseguiu. Certo samaritano em viagem, porém, chegou junto dele, viu-o e moveu-se de compaixão. Aproximou-se, cuidou de suas chagas, derramando óleo e vinho, depois o colocou em seu próprio animal, conduziu-o à

hospedaria e dispensou-lhe cuidados. No dia seguinte, tirou dois denários e deu-os ao hospedeiro, dizendo: "Cuida dele e o que gastares a mais, em meu regresso te pagarei". Qual dos três, em tua opinião, foi o próximo do homem que caiu nas mãos dos assaltantes? Ele respondeu: "Aquele que usou de misericórdia para com ele". Jesus então lhe disse: "Vai, e também tu faze o mesmo" (Lucas 10,30-37).

Como outras parábolas, essa também contém elementos concretos, expondo um ambiente histórico e social em que se deu um acontecimento. Embora o ambiente seja mutável, transformando-se pouco a pouco no tempo, os valores subjacentes podem permanecer os mesmos, requerendo uma reinterpretação apropriada para validá-los em novo contexto. Na parábola do bom samaritano, o modelo a ser identificado é de um homem comum, pertencente a uma comunidade dissidente em algumas questões religiosas. Ora, se um homem como aquele podia mostrar tais comportamentos em relação a um desconhecido, vítima de assaltantes, também seu interlocutor direto, autor da pergunta "quem é meu próximo?", poderia agir da mesma maneira ou, talvez, melhor ainda. O modelo presente na parábola nada tem de especial (não se trata de um profeta, santo ou herói), a situação também não é excepcional (passível de repetição em outros locais com algumas alterações no cenário), então as ações, embora historicamente situadas, podem ser projetadas para um futuro-presente e o procedimento de Jesus ganha uma dimensão atemporal[5].

---

[5] Além disso, esse procedimento pode ser visto na perspectiva de teorias psicológicas, em particular as da aprendizagem social. Todas elas enfatizam que grande parte da aprendizagem ocorre através da imitação. Os interessados sobre o assunto poderão recorrer ao livro de Albert Bandura, *Social foundations of thought and action – A social cognitive theory* (Nova Jersey: Prentice Hall, 1986). A teoria da aprendizagem social teve uma importância muito grande na constituição da área do Treinamento de Habilidades Sociais, conforme M.R. Rios-Saldaña, A.

Dessa maneira, a tarefa do ensino cristão é a de descobrir até que ponto uma parábola pode continuar fecundando situações ligeiras, ou mesmo completamente diferentes das originais. Por exemplo, se a proposta de ensino instituir algo como "o dia do bom samaritano" estaremos ritualizando a ação e matando o espírito que deveria fecundá-la. Talvez uma alternativa seja a de demonstrar que os samaritanos continuam agindo[6]. Certa ocasião, nós seguíamos uma rua bastante inclinada de nossa cidade, que fazia cruzamento com uma avenida com grande fluxo de veículos. Cerca de três quadras adiante, avistamos um homem que se movia a esmo, no centro da movimentada avenida. Ficamos apreensivos, pois tanto ele podia provocar algum acidente quanto ser vítima de atropelamento. Um homem que seguia à frente encostou seu carro, acionou a sinalização do pisca e, decidido, passando entre vários autos apressados, dirigiu-se ao transeunte que aparentemente não pretendia deixar o local. Vimos, então, o homem abraçá-lo e, com cuidado, retirá-lo do local, deitando-o no canteiro de segurança. Nesse momento, o policiamento apareceu. Quando cruzamos a avenida, o atendimento parecia completo e o socorrista anônimo retornava para seu veículo. Recordamos da parábola: outros tempos e cenários e a mesma dedicação do samaritano.

Jesus tinha predileção pelo ensino ilustrado através de parábolas, que prendem a atenção do ouvinte, oferecem modelos

---

Del Prette e Z.A.P. Del Prette, A importância da Teoria da Aprendizagem Social na constituição da área do Treinamento de Habilidades Sociais, em H.J. Guilhardi e cols., *Sobre comportamento e cognição – Contribuições para a construção da teoria do comportamento* (Santo André: ESETec, 2002).

[6] Recebemos de um dos leitores dos manuscritos deste livro, o capítulo 4, O pai cego de amor, do livro de Philip Vancey, *Maravilhosa graça* (São Paulo: Editora Vida, 2002), em que o autor reescreve várias parábolas para a nossa época. Esse esforço de atualização segue na mesma direção da ideia defendida nesta parte do livro, quanto ao ensino do cristianismo.

de comportamento e requerem reflexões que não se encerram ao finalizar a narrativa. Em suas histórias, encontramos os elementos simples do cotidiano das pessoas, como a moeda perdida, o fermento para o pão, a figueira improdutiva, a hospedaria à beira da estrada etc. Encontramos, ainda, os problemas de relacionamento interpessoais e intergrupais, como o filho que abandona os pais, a solidariedade provinda de pessoa de um grupo por quem se tem preconceito, as questões sobre patrão e empregado, a justiça/injustiça para com o trabalhador, a soberba etc.

Na tradição do judaísmo antigo havia uma rica variedade de parábolas, narradas oralmente. Pode ser que Jesus tenha utilizado algumas dessas parábolas, mas seu procedimento (seleção da história, conteúdo enfatizado e forma de apresentá-lo) lhe confere uma singularidade, provavelmente sem precedentes. Pelo que se sabe, nenhum de seus discípulos, nem mesmo Paulo e Lucas (adesões posteriores ao início do movimento), os mais instruídos, tentaram utilizar essa mesma pedagogia de ensino.

Jesus dominava esse procedimento com grande maestria. Ele olhava para as pessoas e, dependendo do que via e deduzia, iniciava seu discurso, nele incluindo uma parábola com significado para a ocasião. Às vezes, logo no início, ele propunha uma questão: "O que vos parece? Um homem tinha dois filhos. Dirigindo-se ao primeiro, disse: 'Filho, vai trabalhar hoje na vinha'. Ele respondeu: 'Não quero'; mas depois, reconsiderando sua atitude, foi. Dirigindo-se ao segundo..." (Mateus 21,28-31).

As comunidades judaicas da época, mesmo as sociedades gregas e romanas, dependiam quase que totalmente da oralidade para transmissão de conhecimentos, já que o acesso ao material escrito (pergaminhos, rolos e tabuinhas) era bastante restrito. Essa concentração no ensino oral facilitava o aparecimento de oradores, narradores e contadores de histórias. Jesus, no entanto, conseguia sensibilizar grandes audiências. Gente simples, cansada da retórica dos fariseus e saduceus, provavelmente se encantava com a forma de Jesus que, não raras vezes, usava o humor como, por exemplo, na expressão "quem tem ouvidos para ouvir". Essa era uma forma própria de Jesus, pois não tem paralelo no Velho Testamento[7].

A chave da pedagogia de Jesus estava no conteúdo da mensagem que causava grande impacto no ouvinte, como se ele estivesse lhe falando, em particular. Concomitantemente, havia um sentido oculto a exigir certa reflexão e elaboração, o que mantinha a mensagem presa na mente da pessoa. Várias passagens dos evangelhos mostram os discípulos procurando o mestre para que este lhes esclarecesse um ponto ou outro de uma parábola. Ela precisava ser desocultada, embora não tivesse nenhum sentido excessivamente esotérico e misterioso. Era como se o ouvinte recebesse um convite à *reflexão criativa*, para a qual ele devia se empenhar. Trata-se de um método ousado para a fórmula consagrada na tradição judaica.

A pedagogia de Jesus atinge o sentimento ("Bem-aventurados os mansos, porque herdarão a terra. Bem-aventurados os aflitos, porque serão consolados. Bem-aventurados os que têm fome e sede de justiça, porque serão saciados. Bem-aventurados os misericordiosos, porque alcançarão a misericórdia. Bem-aventurados os puros de coração, porque verão a Deus" (Mateus 5,4-7), o pensamento ("Qual de vós, tendo cem ovelhas e perdendo uma, não abandona as noventa e nove no deserto e vai em busca daquela que se perdeu, até encontrá-la?" (Mateus 18,12-13) e convida a uma nova ação ("Faze tu o

---

[7] Conforme aparece na obra de L. Kretz, *Humor und ironie bei Jesus* (São Francisco: Olten, 1982).

mesmo"; "Pedi e vos será dado"; "Buscai e achareis"; "Batei e vos será aberto"). A pedagogia proposta por Jesus exige coragem para romper com as formas tradicionais, humildade para reconhecer o erro e persistência para mudar.

3. JESUS PSICOTERAPEUTA

O termo psicoterapeuta está sendo utilizado aqui sem nenhuma pretensão de causar qualquer efeito. Deve ser entendido no sentido próprio que a palavra tem, nem mais, nem menos. Evidente que o contexto cultural daquela época não dispunha de teorias e conceitos que emprestam ao termo uma característica particular e que Jesus não fez análise ou procedimentos terapêuticos tais como os conhecemos hoje. Mas o que dizer quanto aos resultados? Verdadeiramente, o terapeuta só pode ajudar quando passa a conhecer as dificuldades e potencialidades daquele que o procura. São várias as pesquisas que relacionam o sucesso da terapia às variáveis do terapeuta (empatia, humor, atenção) mais do que a esta ou aquela escola psicológica. Jesus possuía as melhores condições e recursos pessoais para agir terapeuticamente, por isso podemos designá-lo assim.

Ilustrando o tipo de terapia utilizada por Jesus e sua capacidade terapêutica, seguem-se três casos de cura bastante emblemáticos.

3.1. A cura de uma pessoa paralítica na piscina de Betesda

> Havia no Templo de Jerusalém um pórtico com algumas piscinas (tanques rasos). Uma delas era rodeada por pessoas com toda espécie de enfermidades, que esperavam o movimento da água para então nela se banhar. Acreditavam que essa ebulição era proveniente de uma força não natural e o primeiro a se jogar na água ficava curado. Havia aí um homem doente há trinta e oito anos esperando

a oportunidade de receber a graça. Jesus, sabendo disso, aproximou-se dele e perguntou: "Queres ficar curado?" O enfermo respondeu: "Senhor, não tenho quem me jogue na piscina quando a água é agitada: ao chegar, outro já desceu antes de mim" (João 5,6-7).

Pela narrativa, observa-se que o enfermo não responde à pergunta, mas, habilmente, procura se justificar, como se lhe tivessem cobrado alguma coisa. Ao se justificar ele culpa os outros por, durante todo esse tempo, nunca ter conseguido se banhar nas águas da piscina em ocasião adequada. Sua resposta aparentemente é respeitosa, mas, sem dúvida, ele procura esconder muitas coisas. Por que, a despeito de estar ali há tanto tempo, ele não conseguiu alguém para ajudá-lo? Por que não estudou, ele próprio, alguma estratégia para entrar na água? Ademais, não se refere a qualquer tentativa para solucionar o problema, antes prefere queixar-se. Atendo-se à sua resposta, podemos entender a pergunta de Jesus que, a princípio, poderia ser considerada absurda ou inconveniente.

Queres ficar curado? Quem, estando doente, não deseja curar-se? Não é para isso que se vai ao médico, procuram-se terapeutas, tomam-se medicamentos, fazem-se promessas, simpatias? Essas providências não são suficientes para atestar o desejo de cura. Os terapeutas sabem que muitos clientes têm pouca motivação na busca da solução para seus problemas e que alguns não têm motivação alguma. Frequentemente, muitas pessoas usam seus problemas como forma de controle das demais ou, como estratégia para angariar atenção e simpatia.

A pergunta "Queres ficar curado?" poderia tê-lo incomodado? Teria o enfermo se perguntado o motivo daquele desconhecido ter-se dirigido a ele dessa forma? Será que ele pensa que não quero a cura? O que esse homem sabe a meu respeito?

Talvez ele saiba que, na verdade, eu não quero ficar curado. O que eu posso lhe dizer? Nem ao menos posso lhe pedir para me deixar em paz.

O que aconteceu posteriormente mostra bem a disposição mental do enfermo: "Disse-lhe Jesus: 'Levanta-te, toma o teu leito e anda'. E imediatamente o homem ficou curado" (João 5,4-15). Inquirido pelos judeus a respeito de quem o havia curado, pois era sábado e, nesse dia muitas atividades eram proibidas, inclusive a de curar, o ex-enfermo nada disse por ignorar a identidade de Jesus. Pouco depois, Jesus encontra-o no Templo e lhe diz: "Eis que estás curado: não peques mais, para que não te suceda algo ainda pior". Agora ele consegue identificar quem o havia ajudado e trata de informar as autoridades sabendo, obviamente, que poderia causar algum transtorno ao seu benfeitor. Além de curá-lo, aquele homem ainda lhe recomendava alterar sua maneira de agir, quanta insolência. Queres ficar curado? É preciso a ação da vontade!

3.2. A cura da filha de uma mulher cananeia

> Uma mulher cananeia (portanto estrangeira para os judeus) solicita a cura de sua filha a Jesus. Pede não para si mesma, mas para um familiar. A princípio, Jesus parece ignorá-la, mesmo quando os discípulos por ela intercedem, aparentemente já aborrecidos com a insistência daquela mãe. A mulher continua a segui-lo e a suplicar, até que se aproxima de Jesus e, novamente, faz outro rogo, mais comovido ainda. Jesus dá uma resposta aparentemente evasiva. Com base no que Jesus diz, ela replica, trazendo mais força ao seu pedido. Jesus então a atende, elogiando-a: "Mulher, grande é a tua fé! Seja feito como queres!" (Mateus 15,21-28).

Essa mulher é daquelas que nunca desistem e que, sabendo da justeza de seus motivos, mantém-se firme em seus propósitos.

Certamente, Jesus a testou e fortaleceu mais ainda sua persistência. Pode-se dizer que ele a colocou em situação de conflito diante da autoridade (um profeta para ela). Falar com alguém no exercício de autoridade tem sido considerada como uma habilidade de difícil domínio, especialmente em situações potencialmente geradoras de ansiedade. Ela viveu uma situação difícil, pois era mulher, estrangeira e se dirigia a alguém representativo de uma condição especial. Todavia a mulher cananeia saiu-se muito bem.

3.3. A cura de um cego de nascença

> Ao atender o cego, Jesus aproveita para usar algumas metáforas com os termos noite/dia e luz/treva, recorrentes em sua mensagem. Noite/escuridão pode ser entendido como momento difícil na vida, representando as tribulações e também ações escusas, condenáveis. Dia/luz refere-se a períodos saudáveis, radiantes e, ainda, a ações transparentes, honestas. A situação do cego, sentado à margem da estrada, à espera, com dificuldade para entender o que se passa à sua volta (ausência da luz para ele) é emblemática. Jesus coloca-se como aquele que vem para libertar o homem (não somente aquele cego) de sua escuridão (ignorância). A terapia que utiliza é estranha: "[...] cuspiu na terra, fez lama com a saliva, aplicou-a sobre os olhos do cego e disse: 'Vai lavar-te na piscina de Siloé [...]'. O cego foi, lavou-se e voltou vendo" (João 9,1-7).

Haveria na terra ou na saliva algum elemento com poder curativo? Não poderia Jesus curá-lo, usando simplesmente sua vontade, como o fez muitas vezes? Nada podemos falar sobre a primeira questão. Quanto à segunda, parece-nos que sim. No entanto, possivelmente ele entendeu que deveria engajar o paciente no processo de sua cura, pedindo-lhe que fizesse alguma coisa, ainda que o esforço não fosse grande. Por outro lado, o ato de ir ao poço de Siloé (em geral, os poços possuíam nomes) tinha um significado político. O poço fazia parte da organização social dos judeus como um local de encontro, de reunião e troca de informações, tendo extraordinária importância na manutenção do tecido social, porém reconhecidamente sem virtudes terapêuticas. Recolher a água e banhar os olhos nela nunca havia restituído a visão a ninguém, independente de quem tivesse, administrativamente, construído o poço.

Há, posteriormente à cura, uma minuciosa descrição quanto à investigação empreendida pelos fariseus, feita com o ex-cego e seus familiares. Por várias vezes, interrogam-no e, em todas essas ocasiões, ele se comporta com firmeza e coragem, ao contrário do doente da primeira narrativa. Não há dúvida que este homem viveu, após sua cura, uma situação bastante complicada. O trecho do registro evangélico sobre o diálogo dele com os fariseus ilustra bem o que aconteceu:

> Sabemos que Deus falou a Moisés; mas esse, não sabemos de onde é. Respondeu-lhe o homem: "Isso é espantoso, vós não sabeis de onde ele é e, no entanto, abriu-me os olhos!" Sabemos que Deus não ouve os pecadores; mas, se alguém é religioso e faz a sua vontade, a este ele escuta. Jamais se ouviu dizer que alguém tenha aberto os olhos de um cego de nascença. Se esse homem não viesse de Deus, nada poderia fazer. Responderam-lhe (os fariseus): "Tu nasceste todo em pecados e nos ensinas?" E os expulsaram (João 9,29-34).

Jesus, como no primeiro caso, encontra-o novamente, porém, longe de adverti-lo como fez ao ex-paralítico, mantém um diálogo cordial e a ele se revela "filho do homem", como gostava de referir a si mesmo.

4. A TERAPIA DA TRANSFORMAÇÃO

Uma análise psicossociológica da vida de Jesus nos leva a pensá-lo, antes de tudo, como alguém preocupado com o povo, visando a sua transformação enquanto sujeito da própria história. Portanto, ele possuía um programa de trabalho bem organizado que, conquanto não explícito na narrativa evangélica, pode ser inferido da análise de sua trajetória. Nesse programa, a cura, em si mesma, era um objetivo apenas intermediário, pois todo o seu discurso e a sua prática enfatizavam a transformação da pessoa, tendo, conseqüentemente, um caráter educativo.

Ainda que as ações de Jesus possam ser vistas em uma dimensão política de enfrentamento, uma vez que as curas se davam mesmo em dia proibido e ele usava procedimentos tais como falar, aproximar, ouvir, tocar as pessoas consideradas impuras e apartadas, o seu interesse era o de agir conforme o paradigma que anunciava. Ele não se comportava como um taumaturgo qualquer, pois procurava recuperar as pessoas para incluí-las na vida comunitária, recomendando o uso da água do poço, o retorno à família, o falar com os sacerdotes no Templo etc.

Assim, além de curar as pessoas doentes, Jesus recomendava que elas mudassem de vida. Alguns se integraram ao movimento, como foi o caso dos dois cegos de Jericó (Mateus 20,29-34). Outros, embora solicitassem, receberam outro tipo de orientação. Por exemplo, ao enfermo denominado de "endemoninhado geraseno" ele recomendou: "Vai para tua casa e para os teus e anuncia tudo o que fez por ti o Senhor na sua misericórdia" (Marcos 5,18-20).

Ao realizar essas curas e atender as pessoas sem qualquer tipo de discriminação, Jesus não pretendia confrontar o poder, mas exemplificar o cumprimento de uma lei maior, a lei do amor universal: ("ama a Deus sobre toda as coisas e ao próximo como a ti mesmo"), reafirmando a supremacia dessa lei sobre qualquer outra. Cada vez que a lei humana estiver em contradição com a lei divina, certamente os seguidores do evangelho terão que fazer uma escolha.

Nesse processo pedagógico-terapêutico, Jesus adotava a estratégia de não se fixar, evitando que o poder religioso/político, criando figuras intermediárias entre ele e o povo, cerceasse sua liberdade. Por exemplo, ao curar a sogra de Pedro, Jesus percebe que a casa de seu discípulo começou a ser procurada pelos desassistidos e dali se retira. Procurado pelos discípulos, reage à afirmação, "todos te procuram", respondendo que "deve ir para outro local, atender outras pessoas".

Em relação aos três atendimentos feitos por Jesus, citados no item anterior, não se pode dizer que o resultado do primeiro caso tenha sido satisfatório. Certamente, o ex-paralítico, ao contrário de tantos outros, não se mostrou muito feliz com o que lhe aconteceu. Daí a grave advertência que Jesus lhe faz no segundo encontro que tiveram. Com esse homem, que há trinta e oito anos "estava esperando a cura", não ocorreu nenhuma transformação, nenhuma nova maneira de refletir. Seu horizonte manteve-se limitado a um cotidiano medíocre, que passou a incluir o trabalho para resolver o problema da alimentação, uma vez que já não podia ser considerado inválido e dependente.

O paralítico fazia parte da classe social "dispensável", que abrangia cerca de dez por cento da população e compreendia os "fora da lei", "doentes", "escravos" e "mendigos"[8]. Enquanto doente, sua presença naquele local do Templo era justificada;

---

[8] A análise sobre as classes sociais na antiga Palestina e outros países do mediterrâneo pode ser encontrada no livro de J.D. Crossan, *Uma biografia revolucionária de Jesus* (Rio de Janeiro: Imago, 1995).

como indivíduo "saudável", a sua condição requeria outras atividades. Seu encontro com um homem extraordinário como Jesus de pouco ou quase nada lhe serviu. Ainda que podendo andar, não iria muito longe com toda sua limitação!

O segundo e o terceiro atendimento são emblemáticos. O processo terapêutico fortaleceu mais ainda a autoconfiança de ambos. A mulher que deixou sua casa e sua cidade, à procura de um curador de quem ouvira falar, mas não conhecia, possivelmente deve ter enfrentado muitas resistências com relação à decisão que tomou. Retornou vitoriosa. É um exemplo de coragem e representa essas pessoas-esperança que, embora não sendo muitas, podem ser encontradas em todas as partes. Lembram as mães argentinas da Plaza de Mayo[9], em Buenos Aires, exigindo, incansáveis, informações do governo sobre o paradeiro de seus filhos mortos pela ditadura militar.

O ex-cego se revelou digno do que obteve. O embate com os astuciosos fariseus foi memorável. Além de não se curvar, confundiu os argumentos dos adversários com muita lógica, defendendo a autoridade de Jesus. No segundo encontro que teve com seu benfeitor, manteve um diálogo aberto, longe de qualquer ideia de bajulação. Pode-se dizer que as experiências da cura e, logo a seguir, do embate com os fariseus, devem tê-lo afetado positivamente, renovando-lhe completamente a vida.

---

[9] Da mesma maneira que outros países do cone sul (Chile e Uruguai), a Argentina viveu durante vários anos, de 1976 a 1983, sob a ditadura militar. Foi um regime sangrento, com inúmeros presos políticos assassinados, principalmente jovens. Mesmo com o esgotamento do regime e com a distensão, o parlamento e o executivo mantinham-se submissos aos militares e não pretendiam abrir processos para apuração das responsabilidades e localização dos desaparecidos. Foi então que um grupo de mulheres, algumas já idosas, se plantava diariamente, na Plaza de Mayo e com cartazes e foto dos filhos desaparecidos, desafiando o poder. A repercussão desse protesto pacífico foi notável em todo o mundo e o governo teve que rever sua posição.

A terapia de Jesus reclama uma transformação. Queres ficar curado? Uma resposta evasiva como a do doente da piscina representa apenas uma (ou mais uma) esquiva. Trata-se, como afirma Wolff[10], de uma pergunta subversiva, que exige uma mudança de estrutura interna e externa. A pergunta foi feita, não podemos mais ignorá-la: Queres ficar curado?

---

[10] Trata-se de uma análise muito interessante realizada por H. Wolff, no livro *Jesus psicoterapeuta* (São Paulo: Paulinas, 1990).

3

EMOÇÃO, RAZÃO E COMPORTAMENTO

A forma como nos comportamos com as outras pessoas depende, em grande parte, das emoções que experienciamos em relação ao nosso entorno, às demais pessoas e a nós mesmos. Depende também da forma como percebemos e compreendemos o nosso ambiente e, principalmente, o comportamento das pessoas. É por isso que se considera tão importante a tríade pensamento (percepções, julgamentos), sentimento (ou emoções) e ações (ou comportamentos).

Em relação à emoção, pode-se mesmo dizer que sem ela não existiria ação, uma vez que o sentido etimológico de emoção é "colocar em movimento", "em ação". A emoção é, assim, um processo ou disposição, de base biopsicológica, onde um ou mais sentimentos predispõem a diferentes formas de expressão. Embora a expressividade seja mais aberta para algumas pessoas e mais comedida ou simulada para outras, existem certos padrões (em grande parte, instintivos) que nos permitem comunicar o que estamos sentindo e reconhecer os sentimentos dos outros. Essas expressões são herdadas, portanto inatas, embora existam diferenças dotadas pela cultura.

Os padrões de expressão mais universais constituíram a base para nomear emoções tais como medo, raiva, alegria, tristeza etc. Por exemplo, repuxar os cantos da boca para trás e para cima movendo a boca ligeiramente (sorriso) ou abertamente (riso) ou mais ainda, até produzir ruídos característicos (gargalhada) foram expressões associadas à alegria. Na tristeza os cantos da boca são puxados para baixo, acompanhando outras alterações nos músculos faciais (sobrancelhas e olhos).

Além das expressões faciais, as emoções são também identificadas pela gestualidade e postura corporal e por alguns indícios de reações fisiológicas. Por exemplo, na tristeza observa-se uma diminuição do biorritmo, a pessoa se movimenta menos e o corpo se encurva para si mesmo. Na alegria, há maior movimentação e o corpo parece se expandir, a pessoa pode saltitar ligeiramente, movimentar as mãos, fechar os punhos e respirar rapidamente. Na vergonha, há o rubor típico das faces.

Diferentes processos emocionais podem ser revelados nas expressões faciais e corporais mas, ao longo da evolução, o homem aprendeu outras formas de comunicação de sentimentos como através de ruídos, sons (música) e, finalmente, da linguagem vocal. A linguagem vocal é também modelada pela cultura, transformando-se constantemente quanto aos signos e seus significados. Atualmente os termos que seguem são bastante utilizados: "Oba!", "Sim!!!", "Beleza!", ou outros mais explícitos como, "É isso aí!", "Estou numa boa!", "Que pena!", "Foi mal...", "Estou perdido!", "Ai meu Deus!" etc. Esse tipo de comunicação associa pensamento, sentimento e comportamento.

Um dos primeiros problemas no estudo das emoções diz respeito à sua classificação. Classificar as emoções é tarefa antiga de estudiosos, que se dedicaram também a averiguar a sua universalidade ou generalidade. A classificação mais geral distingue um conjunto de emoções primárias, não apenas porque apareceram primeiro no processo evolutivo, mas também porque estão na base do aparecimento de outras.

1. AS EMOÇÕES PRIMÁRIAS

Não há consenso entre os pesquisadores quanto ao número exato de emoções primárias. Há, no entanto, concordância quanto a um conjunto de seis emoções primárias universais, que existem nas diferentes culturas e são reconhecidas com muita precisão pelos seus membros: ira, medo, tristeza, alegria (prazer), nojo e espanto. A elaboração do conceito de emoção primária se deve, em grande parte, a Paul Ekman[1], da Universidade da Califórnia em São Francisco. Suas pesquisas mostram que as expressões de medo, ira, tristeza, alegria são reconhecidas por povos de culturas de todo mundo, inclusive grupos pré-letrados que desconhecem o cinema e a televisão. Alguns autores defendem a inclusão da solidariedade entre as emoções primárias, tendo em vista sua importância para a sobrevivência e o fato dela ser observada em várias espécies (ver adiante o capítulo sobre habilidades sociais de solidariedade).

A partir das emoções primárias, novas e diferentes expressões de emoções foram aparecendo, de modo que temos, hoje, um número bem mais extenso de suas nuances do que palavras para designá-las. Muito embora várias delas possam ter se derivado de apenas uma única emoção primária, o mesmo não ocorreu com todas. É possível que algumas tenham se derivado de uma matriz particular, mas também se pode pensar que duas ou mais matrizes tenham servido de base para o aparecimento de outras emoções. Do ponto de vista filogenético, não há, obviamente, qualquer possibilidade de

---

[1] Paul Ekman, um reconhecido pesquisador, dedicou grande parte de sua vida à pesquisa das emoções em várias partes do mundo. Entre outros trabalhos, podemos citar Facial expression and emotion (*American Psychologist*, 48, 384-392) e o livro *Como detectar mentiras* (Barcelona: Paidós, 1991).

estudos observacionais sobre o desenvolvimento (evolução) da emoção no ser humano. Muito do que se sabe é com base nos estudos ontogenéticos[2] e por analogia a informações obtidas de estudos com outras espécies. As teorias têm uma base hipotético-dedutiva mais do que empírica.

Tomando-se como eixo aglutinador cada emoção primária, enquanto matriz geradora de outras, pode-se organizar as emoções em conjuntos razoavelmente diferentes. As emoções de cada conjunto estão representadas na forma de uma árvore que, partindo da matriz, são distribuídas em ramificações de acordo com suas nuances. As ramagens se diferenciam em termos de certas semelhanças e diferenças na forma como cada emoção se expressa. Isso não significa que, necessariamente, as pessoas tenham que experienciar cada emoção como parada obrigatória para passar à próxima, nem que todas percorram o mesmo caminho. Os esquemas apresentados a seguir devem ser vistos como uma proposta de organização sem pretensão de rigor científico nem de esgotar o número de emoções possíveis. Certamente o leitor se lembrará de várias outras que não estão aqui relacionadas.

---

[2] A ontogênese corresponde ao período de tempo que vai do nascimento à morte e o estudo de como as emoções se expressam em diferentes períodos de vida, traz informações importantes que são, algumas vezes relacionadas à evolução filogenética. A filogênese corresponde às transformações que ocorrem através de longos períodos de tempo em que as formas vivas e seus atributos produzem outras, cada vez mais complexas. A evolução vem criando e modelando novas emoções ao longo de um milhão de anos. Essas alterações não são acessíveis à observação direta. Tudo o que sabemos de nossos ancestrais primitivos e das transformações históricas são inferências feitas com base nas descobertas da arqueologia, história, antropologia etc. Os chamados sítios arqueológicos contêm elementos como partes de esqueletos, utensílios, construções etc. que fornecem pistas importantes sobre o modo de vida, a organização social e crenças de nossos antepassados.

1.1. A árvore da ira

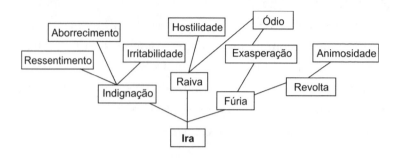

A árvore da ira compõe-se de um conjunto de emoções que, aparentemente, são as que mais induzem a ações dirigidas contra objetos e pessoas. A ira é uma emoção frequentemente associada ao medo. Podendo surgir quando a pessoa se percebe ameaçada ou sente algum tipo de frustração. Daí a sua importância para a sobrevivência, conforme representada no provérbio latino: *Nisi orbe sine irre* (Não há mundo sem ira). Dentre as emoções primárias, a ira é vista de maneira mais negativa e foi colocada entre os chamados "pecados capitais". Por isso, nas mais diversas culturas do Oriente e do Ocidente, aos poucos foram se desenvolvendo alguns mitos a respeito dessa emoção, entre os quais: a) as mulheres são menos iradas do que os homens; b) a ira pode ser "eliminada" através de atividades como lutar boxe, nadar, gritar, socar almofadas, ou pelo ascetismo, autoflagelação, oração etc.; c) a ira é sempre pecaminosa, indesejável e destrutiva; d) a ira sempre esconde outros sentimentos subjacentes, principalmente a inveja.

Nesse conjunto, a indignação e a raiva seriam as emoções menos prejudiciais, especialmente quando externalizadas por meio da expressão honesta e adequada dos sentimentos (ver adiante o capítulo sobre habilidades sociais assertivas). Por outro lado, o ressentimento e a hostilidade são representativos de estados pré-patológicos, enquanto o ódio crônico poderia ser classificado como patológico. Grande parte das emoções desse conjunto dificulta enormemente as relações interpessoais. Durante o período de guerras prolongadas, a expressão das emoções dessa árvore pode se generalizar, mesmo entre as pessoas que não estão em combate direto, dificultando os esforços pela paz.

Para lidar com a ira do interlocutor, Jesus propôs o apaziguamento. Apaziguar significa não partilhar da raiva do outro (seja ela justa ou não), manter o autocontrole e fazer algo (mesmo que seja não responder) em direção ao equilíbrio do relacionamento. Jesus sabia que a paz do mundo é efêmera e às vezes enganosa, por isso afirmou: "Minha paz vos dou, mas não vo-la dou como o mundo a dá". Em outras palavras, a paz do mundo tem sido, na maioria das vezes, mera ficção. Quando um país propõe a paz armando-se para a guerra ou uma pessoa pretende reconciliar cultivando o ressentimento, o resultado não é tranquilizador e, sim, gerador de tensões.

1.2. A árvore do prazer

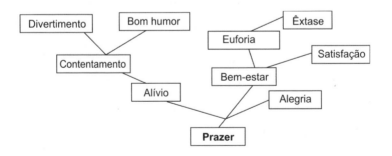

Não obstante a alegria ser classificada como emoção primária, considera-se a anterioridade do prazer, que difere da alegria, uma vez que esta possui características específicas marcantes. O prazer teria uma predominância biológica, enquanto que a alegria seria biopsicológica. A alegria quase sempre está presente nas interações sociais como causa ou como efeito. Em outras palavras, dificilmente alguém guarda a alegria só para si, pois sente necessidade de comunicá-la.

Nesse conjunto de emoções, as que poderiam ser associadas a patologias seriam a euforia e a depressão que, quando alternadas, são condições presentes no diagnóstico de alguns transtornos bipolares. Há ainda o êxtase, relacionado a estados alterados de consciência por substâncias psicoativas sendo também observado como resultante de prolongados exercícios religiosos que incluem o jejum, a meditação, a permanência em uma única posição ou, então, à música e danças sincopadas, quase sempre associadas à ingestão de chás (coca, mescalina e outros). Desde a Grécia e a Roma de épocas passadas até os dias atuais, observa-se uma verdadeira indústria ligada a emoção do prazer. Esta emoção, mais do que qualquer outra, envolve praticamente todos os sentidos: a audição (música), a visão (artes plástica), o olfato (perfumes), o tato (carinho), o paladar (comida).

O movimento iniciado por Jesus não se opunha ao prazer. Jesus aceitou de bom grado a gentileza da mulher que lhe perfumou os pés, participou de festas, manteve contato com crianças, que são espontaneamente alegres, aceitou convites para almoços e jantares e visitou amigos que lhes proporcionavam oportunidades de expressão afetiva. É interessante observar a comensalidade aberta (hábito de refeições coletivas) narrada pelos evangelistas e, ao que parece, instituída por Jesus, em que havia quebra de muitos ritos das refeições na sociedade judaica. Mais do que obedecer à etiqueta, valorizava-se o compartilhamento do alimento, a alegria do comer, beber, estar junto, rir e conversar.

1.3. A árvore do medo

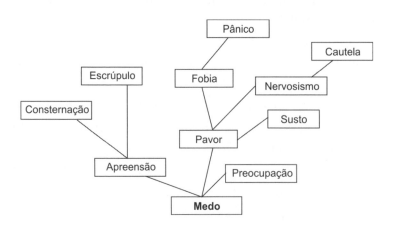

O medo, embora possa ser considerado saudável, quando experienciado diante de situações ameaçadoras à vida e à integridade física ou psicológica do indivíduo, pode evoluir para estados frequentes de apreensão e preocupação que atuam dificultando a adaptabilidade social. Os casos extremos, considerados patológicos, são representados pela fobia e pelo pânico social. O pavor aparece nesse grupo como sinônimo de terror. Estima-se que cerca de 1,6% dos brasileiros já apresentou transtorno de pânico pelo menos uma vez, sendo as mulheres mais propensas ao problema do que os homens[3].

Ainda que não se saiba com exatidão as causas específicas da ansiedade, pânico e depressão, há concordância entre os especialistas de que esses distúrbios estão relacionados a fatores genéticos (predisposição), emocionais e ambientais. Nenhum desses fatores, por si só, é suficiente para desencadear o trans-

---

[3] Várias pesquisas são conduzidas sobre distúrbios emocionais. Os dados mencionados foram obtidos do artigo do pesquisador Ricardo Zorzetto, Ataque contra o pânico (*Revista Fapesp*, fevereiro, 2003).

torno, havendo uma combinação entre eles. Já o escrúpulo, às vezes está associado ao medo, especialmente quando ligado à moralidade, revelando contenção de desejos que a pessoa considera impraticáveis. Os fariseus, tantas vezes desmascarados por Jesus, tinham essa atitude escrupulosa/moralista ("túmulos brancos por fora e cheios de podridão por dentro"), agindo como fiscais da conduta alheia. Daí porque o termo *atitude farisaica* é hoje, de uso generalizado para fazer referência a esse tipo de comportamento.

A forma bastante simples, porém eficiente com que Jesus procurava combater o medo em seus discípulos era a de infundir a autoconfiança, dando-lhes tarefas e incentivando seus acertos: "Tende confiança, sou eu, não tenhais medo" (Mateus 14,27).

1.4. A árvore da tristeza

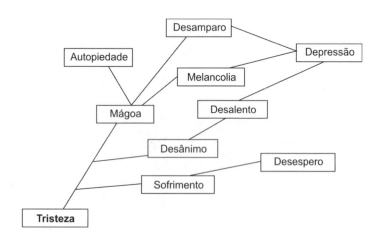

A tristeza é apresentada aqui como a árvore menos frondosa, lembrando-nos a figura de figueira estéril referida nos evangelhos. A tristeza pode, em muitos casos estar associada ao medo, em particular aos sentimentos de desalento, desamparo e depressão[4]. A melancolia, o desamparo e a depressão representam classes patológicas, principalmente quando os episódios se tornam mais frequentes e de maior intensidade. A piedade de si mesmo, o desalento e o desespero podem ser considerados estados pré-patológicos que deveriam ser entendidos como sinais de alarme, cuja atenção imediata pode prevenir problemas mais graves como a depressão.

Algumas pessoas tristes recebem muita atenção social e isso pode reforçar as expressões de tristeza e favorecer o isolamento, especialmente se elas não forem capazes de expressar outras emoções. Por outro lado, algumas pessoas religiosas têm dificuldade de aceitar o sentimento de tristeza, procurando negá-lo. Por terem uma identificação religiosa, sentem-se culpadas quando estão tristes, pois presumem que isto contraria a sua fé. A tristeza, da mesma maneira que qualquer outra emoção é normal.

Observa-se que não são poucos os religiosos que retratam Jesus como pessoa triste e melancólica. Entretanto, o estudo de sua vida nos revela uma face completamente diferente, a de uma pessoa extremamente social, não queixosa, confiante, que incentivava e fortalecia a esperança dos demais. Esse aspecto é predominante em relação aos episódios em que manifestou tristeza, como por exemplo, no Jardim de Getsêmani, quando afirmou: "Minha alma está triste até a morte" (Marcos 14,34).

---

[4] Existem muitos estudos na psicologia sobre a depressão. Um dos mais interessantes tem como base as teorias de aprendizagem (abordagem comportamental-cognitiva), e um dos autores mais influentes nesse assunto é o do Dr. Martin E.P. Seligman que teve um de seus livros traduzido para o português com o título de *Desamparo – Sobre depressão e morte* (São Paulo: Editora Universidade de São Paulo, 1977). Estudos mais recentes podem ser encontrados no *Manual para o tratamento cognitivo-comportamental dos transtornos psicológicos* (São Paulo: Santos, 2003).

Podemos afirmar categoricamente que Jesus não era do tipo que cultivava o desalento, nem a tristeza. Em toda oportunidade, ele procurava despertar a esperança e o otimismo em todos.

1.5. A árvore da solidariedade

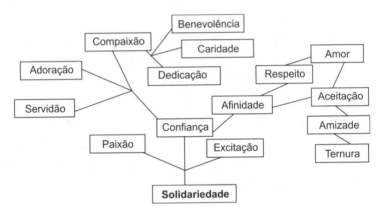

A solidariedade, como emoção básica, foi muito importante na sobrevivência e evolução da humanidade. Não se pode desprezar essa mesma importância nos dias atuais, considerando que a solidariedade se contrapõe ao preconceito, ao egoísmo e, em última instância, à destruição e ao ódio. Nesse grupo, a servidão é a que se apresenta mais próxima do estado patológico. O grupo das emoções compaixão, benevolência, caridade e dedicação parece ser representativo de grandes figuras da humanidade, entre outras Confúcio, Galtama, Francisco de Assis, Vicente de Paulo, Albert Schweitzer, Francisco C. Xavier, Irmã Dulce etc. As emoções situadas do lado direito da árvore formam aquelas que supostamente se ligam às várias formas de amor: o sensual, o fraterno, o materno etc. Os dois grupos são de grande importância no desenvolvimento de algumas classes de habilidades sociais, como por exemplo, as empáticas, de fazer amizade e de perdão/reparação.

A árvore da solidariedade representa, portanto, com muita propriedade as emoções que movem os homens em direção ao aforismo "ama ao próximo como a ti mesmo", especialmente quando pautadas pela reciprocidade ou, pelo menos, pelo equilíbrio entre o amor de si e o amor ao outro, vistos como processos interdependentes.

2. COMO LIDAR COM AS EMOÇÕES

Recebemos da herança cartesiana o princípio de que precisamos isolar nosso objeto de estudo para melhor compreendê-lo. Foi assim que se pensou que razão, emoção e comportamento deveriam ser vistos separadamente. Reforçou-se a ideia de que a razão é soberana e que o método discursivo poderia dar muito bem conta de todas as questões e dúvidas. Secundariamente, acreditou-se que a emoção é uma força perigosa e que uma boa educação resultaria em seu controle pela razão. A religião tomou parte ativa nessa cruzada contra a emoção, supondo-a separada da razão e como uma espécie de reservatório que precisava ser mantido vedado.

Nos últimos tempos, a emoção vem sendo reabilitada, reconhecendo-se seu aspecto positivo. No entanto, grande parte das pessoas não lida bem com suas emoções porque toda a sua educação (familiar e escolar) foi centralizada no exercício da racionalidade. Aprendemos a separar objetos, classificar as mais variadas expressões da vida, rememorar fatos históricos, solucionar problemas matemáticos, operar máquinas extraordinárias, mapear o universo e quase nada sabemos sobre nossas emoções. Crianças com pouco mais de cinco anos já utilizam computadores, mas são incapazes de nomear o que sentem em determinadas situações. Não porque lhes falte capacidade ou maturidade para tal, mas simplesmente porque não têm nenhuma informação nem prática, e não recebem ajuda sobre esse assunto. Vivemos na mais completa ignorância e vamos fazendo descobertas intuitivas com base nas experiências cotidianas.

Emoções não são disposições difusas, armazenadas dentro das pessoas. São processos desencadeados por alguma coisa que está acontecendo ou pela lembrança de algo que já aconteceu. Por exemplo, uma criança pode procurar seus pais à noite porque se lembra de algo que a assustou durante o dia ou mesmo por uma recordação difusa. Temos um recurso no organismo, uma área no cérebro, sede da emoção, que é ativada quando vivemos situações de demandas emocionais. Essa área também funciona como um registro (memória emocional) que pode ser "disparado" quando vivemos uma situação semelhante a uma anterior. Por exemplo, se uma pessoa troca efusivos carinhos com outra, em um ambiente onde estão ouvindo uma determinada canção, podem, tempos depois, ouvindo essa mesma música, experimentar emoções semelhantes àquelas da situação anterior. Além disso, emoções similares podem também "evocar" outras mais fortes, vividas anteriormente.

Aprender a lidar bem com as emoções implica, primeiramente, não negá-las, mesmo que as consideremos negativas como o ciúme, a inveja, o rancor etc. Portanto, o primeiro passo é não negar as emoções e utilizar algum tempo para refletir sobre nossos sentimentos, da mesma maneira que reservamos alguns momentos para cuidados corporais como a higiene diária. Somente então podemos passar para o passo seguinte que é o de nomeá-las, buscando sua identificação. Ao identificar uma emoção e nomeá-la, caso ela não seja desejável, não significa que sejamos maus, porém apenas que este e outros sentimentos fazem parte de nossa humanidade.

Quando chegamos a essa fase, torna-se também importante identificar qual acontecimento (externo e/ou interno) está associado a uma determinada emoção. Por exemplo, suponha que sentimos inveja de um colega de trabalho que foi promovido. A inveja pode ocorrer porque gostaríamos de ocupar esse cargo que ele obteve. Essa identificação permite um melhor conhecimento a nosso respeito. Nesse exemplo, cabe usar nossa razão para melhor examinar a situação. Aqui duas situações são possíveis: a) a promoção foi justa; b) a promoção foi injusta. No primeiro caso, eu teria que admitir que a pessoa reuniu predicados necessários para a promoção e a inveja em nada vai me ajudar. Ao contrário, pode até atrapalhar se desejo mudar de cargo, pois devo me preparar para alcançar aqueles critérios em outra oportunidade. No segundo caso, se houve injustiça, ainda assim a inveja é contraproducente, porém não a indignação que deveria ser expressa com o objetivo de busca de solução, de maneira assertiva (ver capítulo sobre habilidades sociais assertivas).

Além de aceitar e nomear nossas emoções, seguindo-se o processo de identificar acontecimentos a elas associadas podemos, ainda, utilizar outras estratégias para lidar de forma construtiva com nossos sentimentos: a) colocar nossa emoção a serviço de uma meta; b) procurar relacionamentos produtivos fazendo amizades e participando de outros grupos; c) cultivar atividades que facilitam nossa memória emocional na direção de emoções que gostaríamos de expressar com maior frequência (a maioria das pessoas costuma expressar emoções positivas quando realiza atividades tais como jardinagem, caminhadas, desenho ou pintura, ouvir música, dançar, viajar, assistir um bom filme, participar de algum grupo de solidariedade etc.); d) evitar atividades potencialmente eliciadoras de emoções que desejamos expressar com menor frequência (a maioria das pessoas costuma expressar emoções negativas quando realiza atividades tais como: assistir filmes que exacerbam emoções como o medo, a ira, a vingança etc., engajar-se em discussões e disputas inúteis, beber além de seu limite de controle, realizar atividades ou jogos competitivos sem "espírito esportivo", participar de conversas que cultivam a depressão, a maledicência, o negativismo, a desesperança etc.).

Um pré-requisito para os itens *c* e *d* é a capacidade de identificar essas atividades com uma análise do tipo de envolvimento e sentimentos que elas despertam na maioria das pessoas e também em nós. O item a (colocarmos nossa emoção a serviço de uma meta) necessita de comentários adicionais. A maioria de nossas metas envolve emoções, desde a construção de uma casa, até um simples programa de exercício físico. Isto significa identificar quais emoções atrapalham o alcance de metas e quais auxiliam: cultivar as segundas pode funcionar como um antídoto contra as primeiras. Suponhamos um jovem que se prepara para ingressar em uma universidade. O medo de não ser bem sucedido pode atrapalhá-lo com os estudos, porém o bom humor, a paixão e mesmo a ira podem ajudá-lo.

Jesus não se opôs à expressão das emoções. Como não vivia fechado em si mesmo, tampouco preso a rituais que sinalizavam onde, quando e como se expressar, Jesus era espontâneo e coerente em seus sentimentos. Uma leitura atenta das narrativas evangélicas permite identificar suas emoções de ternura, amor, amizade, compaixão, alegria, tristeza, indignação.

> Ai de vós, escribas e fariseus, hipócritas! Que pagais dízimo da hortelã, do endro e do cominho, mas omitis as coisas mais importantes da lei; a justiça, a misericórdia e a fidelidade. Importava praticar estas coisas, mas sem omitir aquelas; condutores cegos, que coais um mosquito e tragais o camelo (Mateus 23,24).

> Por isso vos digo: não vos preocupeis com a vossa vida quanto ao que haveis de comer, nem com o vosso corpo

quanto ao que haveis de vestir. Não é a vida mais do que o alimento e o corpo mais do que a roupa? Olhai as aves do céu: não semeiam, nem colhem, nem ajuntam em celeiro e, no entanto, vosso Pai celeste as alimenta [...] (Mateus 6,25-26).

Nos dois episódios é possível distinguir diferentes emoções que Jesus expressou. No primeiro salta aos olhos a indignação, enquanto no segundo transparece uma imensa ternura. A poesia da segunda alocução é de alguém profundamente integrado à natureza e a Deus, usando doces palavras para acalmar o coração dos inquietos e aflitos.

3. PERCEPÇÃO SOCIAL E JULGAMENTO

Um homem precisava desbastar algumas árvores; todavia, procurando seu machado não o encontrou, nem no lugar habitual nem em qualquer outro local. Preocupado, viu passar por perto o filho de seu vizinho e achou que este havia levado a sua ferramenta. Depois disso, a cada vez que via o jovem, mais ficava convencido que ele havia roubado seu machado. Reparava nas feições do jovem, no jeito dele caminhar e o identificava como um ladrão. Até que uma tarde, dirigindo-se para as árvores, que esperavam pela poda, encontrou o seu machado, no mesmo lugar que o havia deixado anteriormente, escondido entre os arbustos. Então, olhando novamente para o filho de seu vizinho, não mais o achava parecido com um ladrão de machado[5].

Percepção e julgamento social são processos psicológicos inerentes ao ser humano, porém ambos não ocorrem no vazio social. Isso quer dizer que são influenciados por um sistema de

---

[5] Adaptação livre, feita pelos autores, da história O ladrão de machado, do livro *Mensagens dos mestres*, de Antonio Rodrigues (São Paulo: EME).

crenças (variável intrínseca) e, também, pelo contexto cultural e situacional (variável extrínseca). Esses fatores influenciam o julgamento que fazemos dos demais e esse julgamento influencia nossas ações. Por exemplo, em uma pesquisa tomou-se a imagem do rosto de um jovem ator muito bonito, gravada em vídeo e, separando-se três grupos de pessoas (A, B, C), solicitou-se que cada uma dissesse o que achava (julgamento) daquele indivíduo. Ao grupo A, o pesquisador adicionou, como pano de fundo à figura, um caixão de defunto; para o grupo B, foi colocado um prato de sopa fumegante; enquanto ao C incluiu a imagem de uma criança brincando com um ursinho de pelúcia. Embora estivessem julgando o rosto do mesmo ator, as respostas de cada grupo foram completamente diferentes. O grupo A, "via" uma pessoa muito triste, deprimida; no grupo B, a tendência era considerarem a pessoa como séria, muito compenetrada; já o grupo C, identificava alguém alegre, descontraído. A pesquisa demonstra a influência que o contexto exerce sobre nossa maneira de julgar.

Algumas pessoas acreditam que Jesus recomendou que não se fizesse nenhum julgamento. Ora, isso é impossível! Estamos continuamente avaliando todos os eventos, desde os fenômenos naturais (o acúmulo de nuvens é indicativo de possibilidade de chuvas) até os do comportamento (ao nos depararmos com alguém com cenho carregado, boca em esgar, punhos fechados, entendemos como possibilidade de ameaça). Em ambos os casos procuramos nos proteger: no primeiro, nos munimos de guarda-chuva; no segundo, evitamos nos aproximar dessa pessoa. Com relação aos evangelhos, pode-se interpretar, em uma leitura apressada, que Jesus se opunha ao julgamento.

> Não julgueis para não serdes julgados. Pois com o julgamento que julgais sereis julgados, e com a medida que medis sereis medidos. Por que reparas no cisco que está

no olho de teu irmão e não percebes a trave que está no teu? Ou como poderás dizer ao teu irmão: deixa-me tirar o cisco de teu olho, quando tu mesmo tens uma trave no teu? Hipócrita, tira primeiro a trave de teu olho, e então verás bem para tirar o cisco do olho do teu irmão (Mateus 5,1-5).

Tomado em seu conjunto é possível uma outra interpretação. Naquela sociedade e também na nossa atual, recebemos um bom treinamento para reparar as falhas das demais pessoas e praticamente quase nada a respeito dos nossos erros. Jesus se mostrava preocupado com a distorção do julgamento e com a incapacidade de autojulgamento.

A afirmativa de Jesus sobre o julgamento e o julgamento de si vai ao encontro dos resultados obtidos pela pesquisa em Psicologia Social. Tais pesquisas evidenciam que, em geral, as pessoas se comparam sendo mais favoráveis a si que aos demais, ou seja, maximizando alguns dos próprios atributos e minimizando os dos outros. Jesus entendia que, se a pessoa não possui autoconhecimento, ela não pode, efetivamente, auxiliar no processo de autoconhecimento do próximo. Se, de fato, ainda não nos conhecemos razoavelmente e, portanto, não conseguimos alterar alguns de nossos sentimentos e comportamentos e, além disso, não conseguimos avaliar concretamente as dificuldades do outro, como poderíamos ajudá-lo? Nesse caso, não é suficiente a boa vontade.

Não se trata, pois, de não julgar (avaliar), mas sim da intenção e maneira como o fazemos. Frequentemente nosso julgamento é distorcido por causa de preconceitos negativos, que adquirimos. O termo preconceito está sendo entendido aqui como ideia preconcebida e distorcida. Jesus combateu os preconceitos de sua época que se relacionavam a: a) etnia; b) local de nascimento; c) papel social; d) condição econômica; e) religião; f) saber formal; g) gênero. Sua capacidade de não se deixar contaminar com ideias e atitudes preconceituosas foi realmente notável: ele atendeu pessoas de diferentes nacionalidades; tomou um samaritano e um publicano como modelos para exemplificar o novo paradigma; comeu e bebeu na casa de pobres e ricos; dialogou com pessoas de diferentes crenças religiosas; atendeu com a mesma disposição pessoas letradas ou analfabetas; conversou com mulheres de diferentes condições sociais, virtuosas ou consideradas pecadoras. Igualmente nesse aspecto, Jesus foi coerente com o paradigma que anunciou.

Mesmo entre os escribas que, por serem letrados, consideravam-se superiores aos demais e formavam um grupo coeso, Jesus não perdeu oportunidade de identificar e valorizar as diferenças positivas de um deles, conforme se depreende do relato de Marcos (12,28-34):

> Um dos escribas que ouvira a discussão, reconhecendo que respondera muito bem, perguntou-lhe: "Qual é o primeiro de todos os mandamentos?" Jesus respondeu: "O primeiro é: [...] Amarás o Senhor teu Deus... O segundo é este: Amarás o teu próximo como a ti mesmo. Não existe outro mandamento maior do que esses". O escriba disse-lhe: "Muito bem, Mestre, tens razão de dizer que ele é o único e não existe outro além dele, e amá-lo de todo o coração, de toda a inteligência e com toda a força, e amar o próximo como a si mesmo é mais do que todos os holocaustos e todos os sacrifícios". Jesus vendo que ele respondera com inteligência, disse-lhe: "Tu não estás longe do Reino de Deus".

Em nossos cursos, usualmente utilizamos vivências que auxiliam os participantes a compreender a origem das atitudes preconceituosas e exercitar comportamentos em direção oposta. Durante a realização de uma vivência que incluía a história do ladrão de machado, um participante relatou o seguinte:

Se essa vivência tivesse acontecido alguns dias atrás, provavelmente eu não teria agido da maneira como o fiz neste fim de semana. Tenho um amigo a quem empresto minha furadeira quando ele necessita. Neste fim de semana, precisando furar o muro para providenciar um varal adicional procurei a furadeira e não a encontrei. Supondo que meu amigo a tivesse levado fui então, a sua casa, e ele me informou tê-la devolvido há vários dias, deixando-a sobre a bancada na garagem. Retornei e fiz nova verificação e de novo não a encontrei. Então comecei a pensar que meu amigo pretendia ficar com minha furadeira. Quanto mais pensava, mais achava que era isso mesmo que estava acontecendo. Fui ficando com muita raiva dele e o evitei durante todo sábado e domingo. Na segunda-feira, ao sair de casa para o trabalho, encontrei com meu irmão que me disse:

– Antenor (nome fictício), semana passada precisei de sua furadeira e como todo mundo estava descansando, entrei em sua garagem e a levei. Se você estiver precisando, eu a devolvo hoje mesmo.

– Imagine, professor, a minha cara, o quanto fiquei envergonhado!

Podemos aprender com a experiência negativa ou positiva, seja nossa ou de outrem. Ao relatar a própria experiência, essa pessoa demonstrou confiança no grupo e propiciou condições de aprendizagem para os demais. Outros também relataram algumas experiências pessoais semelhantes. Agir de maneira transparente, sem subterfúgios, admitir os próprios equívocos e se esforçar para modificar a maneira como julgamos os demais estão de acordo com os ensinamentos de Jesus, que enfatizou a importância da observação e auto-observação como instrumentos do autoconhecimento (Mateus 23,1-3):

> Jesus então se dirigiu às multidões e aos seus discípulos: "Os escribas e fariseus estão sentados na cátedra de

Moisés. Portanto, fazei e *observai* tudo quanto vos disserem. Mas não *imiteis* as suas ações, pois dizem, mas não fazem" (itálicos nossos).

A observação e a auto-observação permitem separar o fato (o comportamento da pessoa) e o que nós pensamos (julgamento) dele. Analisando no grupo o caso relatado pelo participante do curso, chegou-se à conclusão de que os fatos eram: a) ausência da máquina; b) alguém a retirou do local (considerando a improbabilidade da máquina se mover por si); c) uma pessoa (o amigo), consultada a respeito do paradeiro da máquina, afirmou tê-la devolvido. O julgamento (avaliação) de que o amigo estava com a máquina não tem total sustentação no fato, uma vez que outras hipóteses deveriam ser consideradas, como por exemplo: a) a máquina foi levada por uma pessoa conhecida (parente ou outro amigo); b) a máquina foi retirada por alguém desconhecido. O exercício de separar o fato (aquilo que aconteceu) do julgamento (o que se pensa a respeito, interpretações, percepções etc.) é fundamental para se evitar o preconceito. Essa é a parte importante da vivência referida, que permite identificar a tendência de nossos julgamentos e o quanto eles podem estar viesados. Adicionalmente, podemos verificar quais são, em nosso ambiente passado e presente, as pessoas preconceituosas e, ainda, o quanto podemos também estar influenciando negativamente os demais.

4. ARTICULANDO PENSAMENTO, SENTIMENTO E COMPORTAMENTO

A expressão adequada de nossos sentimentos, tanto os positivos quanto os negativos, depende em grande parte de como percebemos e julgamos as pessoas. Falhas na percepção e no julgamento podem dificultar os relacionamentos entre as pessoas. Além disso, como vimos no item sobre emoção e suas nuances, elas afetam nossa maneira de agir. A noção de que uma emoção é pecaminosa pode não ajudar e, mesmo, induzir à sua negação, o que geralmente se revela sob a forma de subterfúgios. Por exemplo, a ironia e a prudência podem, em muitos casos, constituir disfarces da agressividade e do medo, respectivamente.

A percepção do outro e dos fenômenos da natureza levou o homem à percepção de si. Olhando o outro, identifico-me com ele e, também, dele me separo enquanto individualidade. Estar no mundo, existir e *ser-com-o-outro* não são experiências apenas da razão. São, igualmente, experiências da emoção. Jesus postulou a libertação do homem, pelo autoconhecimento: "que te adianta ganhar o mundo e perder-te a ti mesmo?" Quando se fragmenta razão, sentimento e comportamento, perde-se toda oportunidade de autoconhecimento.

Embora, como estratégia de análise, se possa focar nosso olhar apenas para uma dessas dimensões, a tríade não pode ser ignorada. Esses aspectos fazem parte do que entendemos como habilidades sociais e competência social, tanto em um sentido amplo como no sentido mais delimitado do que estamos considerando como habilidades sociais cristãs, tratadas nos próximos capítulos.

4

HABILIDADES SOCIAIS E RELAÇÕES INTERPESSOAIS

O termo habilidades sociais, com o qual o leitor irá se familiarizar na leitura de diversos capítulos deste livro, faz parte de uma área de conhecimento da Psicologia, reconhecida em várias partes do mundo, principalmente na Inglaterra, Bélgica, Espanha, Itália, Portugal, Austrália, Estados Unidos e Canadá. Essa área de conhecimento é denominada de Treinamento de Habilidades Sociais e foi apresentada, inicialmente, como um método terapêutico por Michael Argyle[1] e sua equipe na Universidade de Oxford, Inglaterra. Esses pesquisadores estavam interessados no estudo do relacionamento humano e, depois de muita pesquisa, chegaram a um método destinado a ajudar as pessoas a desenvolver relacionamentos mais saudáveis.

1. O QUE SÃO HABILIDADES SOCIAIS E COMPETÊNCIA SOCIAL

Como definimos em outro livro[2], "o termo habilidades sociais refere-se às diferentes classes de comportamentos sociais

---

[1] Os trabalhos de Michael Argyle estão disponíveis em língua inglesa. Entre outros, pode-se destacar: The nature of social skill, no livro *Social skills and health* (Londres: Methuen, 1981) e, com L. Lu, Happiness and social skills (*Personality and Individual Differences*, 11, 1255-1261, 1990).

[2] O leitor que tiver interesse em aprofundar seus conhecimentos nessa área poderá recorrer aos nossos livros, *Psicologia das habilidades sociais – Terapia e educação e Psicologia das relações interpessoais – Vivências para o trabalho em grupo* (Petrópolis: Vozes, 1999 e 2001, respectivamente)

[...] para lidar de maneira adequada com as demandas das situações interpessoais". Convivemos diariamente com diferentes pessoas, em diferentes situações, onde precisamos nos comportar de maneira adequada. O fato de cumprimentarmos as pessoas várias vezes, em uma manhã, não significa que se trata de um mesmo comportamento. Em uma situação acenamos com a cabeça, em outra dizemos bom dia, ou apenas movimentamos a mão. Podemos fazer uma coisa ou outra, acompanhando-a com um sorriso; a uma criança damos uma piscada; a um jovem fazemos um gesto com o polegar para cima (sinal de positivo); encontrando com um japonês repetimos o seu gesto de abaixar a cabeça e dobramos o tronco. Tudo isso, acenar, dizer bom dia, sorrir etc., é comportamento. No exemplo, todos eles têm a mesma função (cumprimentar alguém) sendo, por isso, considerados, em uma análise psicológica, como pertencentes a uma mesma classe, não obstante suas diferenças de forma.

Cumprimentar, portanto, reúne diversos comportamentos e é uma classe de habilidade social, com função importante nas relações sociais, quase sempre utilizada para iniciar uma interação com alguém. A aprendizagem dessa classe, *cumprimentar pessoas*, se dá pela experiência (informação, consequência e modelos) quando identificamos quais comportamentos são aceitos ou valorizados na comunidade em que vivemos. Em geral, é assim que se dá a aprendizagem de todas as classes de habilidades sociais.

Pelo exemplo anterior, pode-se deduzir que a habilidade de cumprimentar é razoavelmente simples, tanto por envolver poucos comportamentos, como por ser uma prática social exibida pela maioria dos membros da comunidade, estando publicamente disponível para a imitação (copiar o modelo). Já a habilidade de *fazer pedidos a pessoas desconhecidas* agrupa outras habilidades, como: a) identificar-se ("Meu nome é...");

b) explicar o motivo do contato ("Eu vim procurá-lo porque..."); c) especificar o tipo de ajuda que solicita ("A ONG da qual eu participo necessita de [...] e pensamos que o senhor poderia..."); d) destacar a importância da colaboração ("Com isso o grupo vai conseguir..."); e) agradecer a ajuda ou a atenção ("De qualquer maneira, obrigado por nos atender"; "A sua colaboração é muito importante"). Dependendo do andamento da conversa, outras habilidades podem ser requeridas, mesmo que não façam, necessariamente, parte dessa classe.

Cada situação social que vivemos requer diferentes habilidades. Algumas, devido a experiências anteriores, são mais fáceis de serem exercitadas, não gerando muitas preocupações. Outras, porém, podem provocar ansiedade. A ansiedade pode ser experienciada como uma sensação difusa de desconforto que, em geral, induz ao tensionamento muscular e a reações orgânicas negativas. As reações do organismo variam de pessoa para pessoa. Algumas sentem dificuldade com a memória e a organização de ideias, outras podem manifestar problemas estomacais ou dores de cabeça. É comum, também, o tremor de mãos e pernas, o aceleramento cardíaco, a dispneia e a disartria (gagueira ou tremor da voz). Quando bastante acentuada, a ansiedade pode dificultar o uso de habilidades sociais já aprendidas. São comuns os relatos: "Senti-me perdida"; "Deu um branco"; "Havia pensado várias coisas e não falei nada"; "Fiquei tremendo... a voz não saía, o coração disparou, meu rosto ficou vermelho".

Se uma pessoa experimentou uma ansiedade muito forte em uma situação, isso poderá ocorrer novamente em uma situação semelhante. Por exemplo, se você tem dificuldade para reclamar ao seu professor a respeito de uma avaliação equivocada, poderá também ter dificuldade para falar com seu chefe a respeito de seu salário. A isso damos o nome de *generalização*.

Certa vez, uma aluna relatou que deixou de frequentar o grupo religioso do qual participava porque havia sido malsucedida na tarefa de falar sobre um determinado assunto em uma reunião. Apesar de ter se preparado, no momento em que foi designada a falar, ocorreu-lhe essa sensação desagradável de ansiedade. Pelas suas palavras:

> Cheguei preocupada e minha apreensão aumentou, pois havia um número maior de pessoas do que esperava [...]. Simplesmente não conseguia falar, senti a boca seca, as mãos tremendo e o coração batendo forte. Sai correndo, desatei a chorar.

Essa jovem, mesmo na universidade, evitava participar de seminários porque receava que lhe ocorresse algo semelhante. A habilidade de falar em público é considerada de difícil domínio pela maioria das pessoas. Ao que parece, não é de hoje que o ser humano se queixa dessa dificuldade. Moisés, o grande libertador do povo hebreu, sentiu-se incapaz de falar ao seu povo, conforme registra o Êxodo (3,4-10):

> Perdão, meu Senhor, eu não sou homem de falar, nem ontem, nem anteontem, nem depois que falaste ao teu servo: pois tenho a boca pesada, e, pesada a língua. [...] Envia o intermediário que quiseres.

Tanto no relato de Moisés quanto no depoimento da jovem estudante, percebe-se a ansiedade como elemento presente na dificuldade de falar em público. O que o líder dos hebreus disse é que ele se sentia ansioso ao falar a uma multidão. Muitos casos de insucesso em situações sociais podem ser explicados por esse fator. Por outro lado, muitas pessoas têm dificuldade nas interações sociais porque não aprenderam maneiras adequadas de se comportar, ou aprenderam algumas formas inadequadas, que podem ser bem sucedidas em algumas situações, mas não em outras. Por exemplo, um jovem em situação de entrevista de emprego não pode se comportar de maneira como o faz informalmente com seus professores e colegas, tampouco ser excessivamente formal. Em outras palavras, deve deixar de lado as gírias e jargões próprios de outro ambiente e usar termos compatíveis com a situação, adequando, igualmente, as expressões faciais, os gestos e postura. A avaliação do entrevistador não recai apenas sobre os conhecimentos mas, em alguns casos, principalmente, sobre a *maneira* (comportamento não verbal) como o candidato se expressa. O conhecimento que temos sobre os sentimentos da pessoa (raiva, medo, amor, interesse, amizade, desagrado etc.) com quem interagimos depende de nossa observação, tanto do conteúdo (o que ela diz) quanto do jeito que ela fala (incluindo aí outras reações como gestos, posturas etc.).

Não há determinante, de ordem hereditária, impeditivo da aprendizagem de habilidades sociais. Pessoas com deficiências físicas podem desenvolver relacionamentos saudáveis como qualquer outra. Há um ator cego que atua em um quadro cômico de televisão e exibe excelente domínio de várias habilidades sociais, inclusive a de falar em público. Esse ator aprendeu a voltar a sua cabeça em direção à pessoa com quem conversa como se estivesse "olhando" para ela, pois sabe que é mais confortável para o outro a conversação face a face. Aprendemos várias habilidades por observação e também pelas consequências que os nossos comportamentos têm no ambiente. Por exemplo, quando uma mãe dá atenção à criança que conta como foi o seu dia escolar, ela reforça suas habilidades de falar de si, descrever acontecimentos, pedir opinião etc.

A competência social é a capacidade da pessoa para articular pensamento, sentimento e ações em função de seus valores e objetivos, ao responder às demandas mediatas ou imediatas do ambiente. Comportar-se conforme pensa e sente evita conflitos intrapessoais e interpessoais, resultando em maior bem-estar psicológico e físico. Aquilatar a competência social depende principalmente da capacidade de observação e auto-observação. Enquanto, em geral, temos uma razoável capacidade de observar o comportamento dos demais, falhamos bastante em nossa auto-observação. À medida que melhoramos a habilidade de observar os outros e a nós próprios, vamos aprimorando nosso conhecimento do mundo, inclusive dos fenômenos físicos e culturais.

Tudo o que somos ou fazemos ocorre em um mundo social, na maioria das vezes mediado pelas ações históricas dos homens. Nossa ação transforma o mundo e também nos transforma. Por meio da observação, conseguimos realizar uma leitura do ambiente social, o que significa decodificar e interpretar corretamente as mensagens que os integrantes (incluindo nós mesmos) estão enviando uns aos outros, intencionalmente ou não. Pessoas com baixa capacidade de observação podem ser consideradas semialfabetizadas nessa habilidade de leitura do ambiente. São as que geralmente interpretam erroneamente os comportamentos daqueles com quem interagem, gerando, com isso, as confusões e desencontros popularmente chamados de mal-entendidos. Quando a leitura do ambiente indica que a situação ou o momento são inapropriados, é melhor aguardar ocasião mais propícia.

O uso adequado das habilidades sociais que aprendemos depende, portanto, em grande parte, da identificação das demandas das várias situações que vivemos em nosso cotidiano. Essa identificação, chamada na psicologia de "discriminação de estímulos", permite-nos adequar o desempenho à situação para sermos bem sucedidos. Na maioria das situações, é fácil perceber o que cada pessoa envolvida deve ou não deve fazer. Por exemplo, em um funeral a maioria sabe exatamente o que não deve fazer, porém poucos sabem emitir os comportamentos que poderiam contribuir mais efetivamente para consolar, acalmar, orientar etc. Por outro lado, encontramos situações em que temos dificuldade de identificar as demandas ou, quando as identificamos, não temos certeza de possuirmos as habilidades necessárias para responder adequadamente.

Em uma sociedade organizada por valores materiais, mais do que pelos espirituais, uma maior competência social é frequentemente atribuída àquele que obtém maiores vantagens nas relações com os demais. Logo, o critério de consecução dos próprios objetivos teria maior valor do que os outros. No entanto, uma análise mais detalhada do que se considera vantajoso ou positivo, em termos imediatos, pode revelar-se como prejuízo a médio ou longo prazo. A sociedade vem se organizando para criar consequências negativas para as pessoas que olham apenas para o lucro e as vantagens pessoais imediatas: indústrias que exploram o trabalho infantil têm seus produtos divulgados como "impróprios para o consumo"; políticos corruptos frequentam listas dos que não devem ser eleitos; alunos que não colaboram nos trabalhos de grupo são isolados. Isso tudo, sem se falar em outras perdas, como a do reconhecimento social e da estima de companheiros ou familiares.

Defendemos a necessidade de vários critérios para avaliar a competência social, que devem ser analisados conjuntamente: a) consecução dos objetivos; b) manutenção ou melhora na autoestima; c) manutenção ou melhora na qualidade da relação; d) equilíbrio entre os ganhos e perdas dos parceiros da relação; e) respeito aos direitos consagrados. Atingir os próprios objetivos pode gerar satisfação, mas isso não deve ocorrer em detrimento dos demais critérios. As pessoas socialmente competentes são as que atendem o máximo possível desses critérios, ainda que não explicitados dessa maneira, procurando estabelecer relações equilibradas.

Relações sociais equilibradas tendem a ser duradouras, podendo evoluir para sentimentos mais profundos. Na maioria das vezes nos afastamos, tanto quanto possível, das pessoas que pretendem nos explorar ou que, de alguma maneira nos prejudicam. Perdas ou prejuízos na relação com o outro não se resumem a coisas materiais como dinheiro ou objetos, mas também envolvem consequências sociais e psicológicas em termos de sentimentos de autoeficácia e autoestima rebaixados.

A aprendizagem das habilidades sociais depende bastante do ambiente, em particular do ambiente familiar. Nesse contexto são desenvolvidos, por meio da educação, os sentimentos e crenças que vão ter um peso significativo nos processos de aprendizagem. Todo nosso esquema perceptivo é mediado por nossa maneira de encarar o mundo, por aquilo que acreditamos e por nossos sentimentos. Se incutirmos na criança a ideia de que ela deve ser a melhor, obter as notas mais altas na escola e o primeiro lugar nas competições esportivas, não podemos estranhar que ela, na maioria das vezes, veja o seu colega como um competidor.

Crianças e jovens intolerantes para com os defeitos dos outros quase sempre têm pais excessivamente rigorosos na avaliação das demais pessoas. Como podemos desenvolver comportamentos pacifistas, vivendo em meio a uma cultura de violência? Percebemos, nas demais pessoas, mais defeitos do que qualidades, ao contrário de nossa autopercepção. Não sabemos lidar com críticas, nem fazê-las e, muito menos, aceitá-las. Justificamo-nos em demasia ("Foi porque não me sentia bem", "Doía-me a cabeça", "É porque não fiz uma boa leitura") e deixamos, com isso, de aproveitar as observações dos demais (pais, amigos, irmãos, filhos) para alterar nossa maneira de agir.

2. TIPOS DE HABILIDADES SOCIAIS

Há algum tempo, os estudiosos da área do Treinamento de Habilidades Sociais vêm procurando identificar as principais classes de habilidades sociais, considerando as demandas dos diversos contextos da sociedade atual. Independente das variações determinadas pela cultura é possível propor, conforme colocamos em outro trabalho, um sistema de classificação das principais habilidades requeridas nos contextos familiar, de lazer e de trabalho[3]. As classes mais amplas desse sistema foram denominadas como habilidades de comunicação, de expressão de sentimentos, de civilidade, de assertividade e de trabalho ou profissionais. Este último conjunto inclui as habilidades sociais educativas, que são importantes não somente para profissionais da educação, mas também, para pais e outros agentes educativos não profissionais.

Cada uma dessas classes é composta por habilidades mais simples e podem ser combinadas para formar outras ainda mais complexas. Inversamente, a análise de habilidades complexas mostra que elas podem ser decompostas em outras mais simples. Por exemplo, a habilidade de *manter conversação* pode incluir as de *cumprimentar, fazer pergunta, elogiar, falar sobre assuntos triviais* e *despedir*. Por outro lado, essa mesma habilidade, junto com outras, pode fazer parte da classe mais complexa *solicitar emprego*.

A sociedade atual vive um momento bastante delicado no campo dos relacionamentos, cujas demandas implicam o desenvolvimento de habilidades para reduzir os conflitos interpessoais e intergrupais e para melhorar a qualidade das

---

[3] Sobre habilidades sociais requeridas nos contextos de família, lazer e trabalho, o leitor poderá obter maiores informações em nossos dois livros já citados.

interações entre as pessoas. Concomitantemente, precisamos melhorar nossa tolerância e paciência. Daí a importância do estudo das habilidades sociais cristãs.

3. HABILIDADES SOCIAIS CRISTÃS

Habilidades sociais cristãs são as que expressam a assimilação e aplicação do paradigma de Jesus. De um ponto de vista classificatório, quais seriam? Sem dúvida a análise da competência interpessoal de Jesus oferece pistas, uma vez que a sua coerência constituiu um modelo de desempenho interpessoal para seus seguidores. Poder-se-ia dizer que, com Jesus, essas habilidades foram exercidas com uma competência extraordinária, especialmente devido à sua coerência entre o pensar, o sentir e o agir. Mesmo sem aspirar a perfeição, essas habilidades são também possíveis de serem praticadas pelas demais pessoas, conforme ele próprio afirmou. Elas são habilidades-alvo, constantes do programa de Jesus para toda a humanidade.

Durante um dos nossos cursos de Psicologia das Habilidades Sociais, no ano de 2002, entregamos aos nossos alunos universitários uma lista de comportamentos, pedindo que eles anotassem quais podiam ser considerados cristãos e quais não podiam. O rol de comportamentos sociais cristãos foi organizado para compor um questionário, utilizando uma escala numérica de 0 (não cristão), 1 (pouco cristão), 2 (medianamente cristão) e 3 (bastante cristão). A lista ficou com vinte e dois comportamentos, entre os quais perdoar, expressar generosidade e compaixão, praticar a solidariedade, demonstrar empatia, contribuir para a felicidade do outro, demonstrar paciência, priorizar benefícios coletivos mais do que individuais, colaborar para a preservação da fauna e da flora, exigir mais dos outros do que de nós próprios etc.

O questionário foi, então, aplicado em três grupos de filiação religiosa diferentes[4]: católico, presbiteriano e espírita. Perdoar foi o único comportamento que apareceu apenas uma vez como não cristão e foi o que mais apareceu como bastante cristão: noventa e cinco por cento nos três grupos. Exigir dos outros mais do que de si mesmo foi o mais considerado como não cristão, com resultado quase igual entre os grupos.

Não obstante a amostra ser muito pequena, cerca de vinte e quatro pessoas por grupo, os resultados sugerem uma dificuldade para se saber quais comportamentos podem ser considerados como bastante cristãos, embora seja fácil identificar os absolutamente não cristãos. O item exigir mais dos outros do que de nós próprios, considerado como não cristão por grande parte dos respondentes, foi tido como medianamente cristão por cerca de vinte por cento de todos os participantes. Esses equívocos ocorrem principalmente porque não há clareza sobre o paradigma que orienta nossa conduta, se o de Moisés ou o de Jesus.

Um jovem de vinte e dois anos, do grupo presbiteriano, respondendo ao questionário, achou por bem nos mandar o seguinte recado por escrito, na folha do questionário:

> Embora não conheça os objetivos da pesquisa, relato minha dificuldade em responder o questionário. Tudo o que eu pensava ser bom gostaria de atribuir a atitudes cristãs, mas não o fiz porque, do mesmo modo, conheço muitos não cristãos que agem da mesma maneira.

A sua confusão é pertinente, contudo, se ele tivesse recordado a parábola do bom samaritano, provavelmente sua reflexão

---

[4] As alunas Melina e Fernanda, do Curso de Psicologia da Universidade Federal de São Carlos aplicaram os questionários em grupos espírita e católico. O pastor Marcos V. Magalhães aplicou no grupo presbiteriano. A todos, nossos agradecimentos.

poderia ter seguido em outra direção. A filiação religiosa, por si só, não garante o desempenho cristão nem confere exclusividade a esse desempenho[5]. Se tal desempenho é importante e reflete os ensinamentos de Jesus, as religiões deveriam desenvolver estratégias para ensiná-los, pois a experiência mostra que uma considerável parcela da humanidade vem agindo muito mais na perspectiva do *olho por olho e dente por dente* do que orientada por outro paradigma.

As habilidades sociais cristãs, apresentadas nesta obra, são, portanto, o resultado de nossa análise dos evangelhos, comparando os ensinos de Jesus com suas atitudes e comportamentos. Eles, em nosso entender, se orientam pelo novo paradigma. Pode-se identificar, na análise dos desempenhos interpessoais de Jesus, dois subconjuntos de habilidades cristãs: as terapêutico-educativas e as cotidianas.

As habilidades *terapêutico-educativas* de Jesus, em grande parte já referidas no capítulo anterior, são aquelas envolvidas nas suas ações curadoras e educativas. Nesse grupo estão incluídas as atividades de contar parábolas, discursar, realizar curas, instruir, apresentar uma pessoa como exemplo de comportamento, incentivar, discordar, questionar, repreender etc. Embora nem todos possamos ser agentes terapêuticos da estatura de Jesus, certamente somos, mesmo que de forma não intencional ou consciente, agentes potencialmente educativos, não somente de nossos filhos, mas, também, dos que nos rodeiam.

---

[5] Pode-se pensar que a influência do cristianismo é hoje bastante difusa, mesmo entre pessoas não filiadas a nenhuma religião. Em um estudo recente de Míriam Bratfish Villa, sob orientação de Zilda (coautora desta obra), intitulado *Habilidades conjugais em casais de diferentes filiações religiosas* (2002, Dissertação de Mestrado, Universidade de São Paulo, Ribeirão Preto), não se encontrou diferença significativa entre casais católicos, presbiterianos e sem filiação religiosa, o que ocorreu inclusive independentemente da frequência à igreja e do conhecimento doutrinário.

Ainda que sem a proficiência de Jesus no uso de procedimentos especiais de instrução, o mero exemplo vivo de nossas ações pode ter efeitos educativos (ou não educativos) sobre os demais. A responsabilidade com o modelo que fornecemos aos outros, por meio de nossas ações, é uma forma, ainda que mínima, de ação educativa e, ao mesmo tempo, de amor ao próximo. Isso inclui, portanto, as habilidades sociais cristãs que apresentamos nas situações cotidianas, sobrepondo-se os dois conjuntos.

As *habilidades sociais cristãs cotidianas*, que também podem ser identificadas na análise da competência interpessoal de Jesus, são constituídas por uma diversidade de classes entre as quais podem ser destacadas as assertivas, empáticas, de amizade, de solidariedade e de perdão/reparação. Cada um desses subconjuntos será apresentado nos próximos capítulos, com definições e exemplos para facilitar uma compreensão mais exata sobre os significados e possíveis funções quando utilizados em referência a outro contexto ou época. Nessa apresentação buscar-se-á destacar os modelos oferecidos por Jesus e as diferentes demandas cotidianas que colocam, para seus seguidores, o desafio de ser coerente com o novo paradigma instaurado.

5

HABILIDADES SOCIAIS ASSERTIVAS

Laura (nome fictício) se apresentou na clínica, chorosa, queixando-se inicialmente da incompreensão das pessoas e da falta de amor. Pouco depois, mais tranquila, foi capaz de organizar e definir melhor suas queixas que, resumidamente, eram: a) sentia-se explorada pelas amigas; b) não conseguia mais reagir; c) suas tentativas de reação lhe trouxeram mais aborrecimentos ainda. Seu relato esclarecia que algumas colegas de moradia e estudo: a) usavam as suas (dela) melhores roupas; b) transferiam, eventualmente, parte das tarefas domésticas que lhes cabiam; c) apropriavam-se de suas melhores ideias nos trabalhos acadêmicos. Laura era inteligente, simpática, porém algo triste. Fora aluna aplicada no segundo grau e, agora na faculdade, tinha excelente desempenho. Contudo acabava por ser preterida em relação a outros alunos menos brilhantes, nos convites dos professores para participar de projetos de pesquisa. Seus pais eram austeros, comedidos e lhe propiciaram uma educação religiosa orientada para o conformismo. Essa cultura a fazia entender que devia perdoar as amigas que se apropriavam de suas ideias e brilhavam perante professores e colegas. O perdão, conforme compreendia, significava "nada fazer" e "calar seus sentimentos de raiva".

A base psicorreligiosa de Laura, como a de muita gente, é a de autonegação com uma autopunição disfarçada. O processo terapêutico iniciou-se com a desconstrução de algumas de suas "premissas cristãs". Após certa familiaridade com o conceito de assertividade, Laura recebeu a tarefa de identificar, nos evangelhos, registros em que Jesus tivesse se comportado de maneira passiva e não expressasse seus sentimentos de amor, ternura e desagrado. No atendimento seguinte, Laura estava entusiasmada com as suas descobertas, sobre o que, bem-humorada, referiu como o "Jesus assertivo". Ao mesmo tempo mostrou-se desanimada, pois "uma coisa era saber que podia agir assertivamente, outra era como fazê-lo". Daí por diante, planejamos conjuntamente sua aprendizagem e a prática de novas habilidades assertivas, através de metodologia apropriada.

Durante o período do atendimento, frequentemente Laura trazia para as sessões muitas passagens dos evangelhos em que ficava evidente o quanto Jesus era direto e honesto na expressão de seus sentimentos e opiniões, defendendo seus ideais (características da assertividade). Mas trazia, igualmente, algumas questões mais difíceis de serem resolvidas, como por exemplo, a passagem em que Jesus afirmou que não devíamos resistir ao homem mau. Nem todas as suas dúvidas ficaram resolvidas em nossas discussões. Considerando o seu interesse, incentivamos Laura a procurar pessoas com maior conhecimento sobre os evangelhos para resolver algumas questões. Evidentemente tratavam-se de pessoas com mesma filiação religiosa de Laura, porém isentos de posição sectária. Algum tempo depois de receber alta da terapia, encontramos Laura casualmente na rua. Ele parecia muito bem, estava por concluir seu curso superior e tinha planos para realizar pós-graduação em conceituada universidade no exterior, em área de sua escolha. Continuava interessada em ser uma boa cristã, exercendo suas habilidades assertivas.

Fazemos menção ao atendimento de Laura porque aprendemos muito com ela. Os desafios que Laura nos colocou foram grandes, levando-nos a estudar com mais rigor os evangelhos, particularmente a vida de Jesus. Não foi esse o único caso de conflito entre "crenças cristãs" e exercício de habilidades assertivas para a construção de relacionamentos interpessoais saudáveis com que nos deparamos. Todavia, graças a Laura, nos sentimos mais preparados e dispostos a analisar com alguma profundidade a influência da religiosidade sobre os estilos de comportamento que as pessoas adotam.

1. OS TRÊS ESTILOS DE COMPORTAMENTO

Um psicólogo sul-africano, chamado Joseph Wolpe, foi o responsável por um grande movimento terapêutico denominado Treinamento Assertivo[1], iniciado nos Estados Unidos. Essa área de estudo considera que o comportamento humano pode ser dividido, grosso modo, em três estilos que podem ser entendidos em um contínuo. Imagine uma linha cujas extremidades se caracterizem, do lado esquerdo pelo estilo passivo e do lado direito pelo agressivo. Em uma área central se localiza a assertividade, de modo que, quanto mais o comportamento se assemelha ao da esquerda, mais é caracterizado como passivo, enquanto que no sentido oposto, caracteriza-se como agressivo. Esses três estilos são apresentados a seguir.

1.1. O estilo passivo

As pessoas com esse estilo encontram dificuldade para tomar decisões, são pouco expressivas nos sentimentos positivos

---

[1] Sobre Treinamento Assertivo o leitor poderá obter maiores informações em nossos dois livros, já citados.

(ternura, carinho) e negativos (aborrecimento, raiva), temem desagradar aos outros, evitam tanto quanto possível recusar pedidos e tendem a guardar suas opiniões para si próprias. Quanto à fluência verbal, a fala em geral é suave, em volume baixo, com pausas e eventualmente interrupções prolongadas, podendo ocorrer bradilalia (fala excessivamente lenta). Em situação estressante, pode-se observar um aumento das pausas e alguma gagueira. Em relação à expressão facial, gestualidade e postura, a tendência é evitar o contato visual (a pessoa permanece muito tempo olhando para baixo e também olhando para os lados); os ombros podem permanecer rebaixados; os movimentos de mãos e braços, ora são rápidos (nervosismo), ora são lentos, porém tensos.

Nesse estilo, as pessoas evitam tanto quanto possível qualquer tipo de conflito interpessoal e, frequentemente, preferem ceder mesmo quando têm certeza de que estão corretas em suas opiniões, buscando apaziguar e acalmar o outro. As pessoas passivas são percebidas pelos demais como tímidas, submissas, fracas, com pouca confiança em si mesmas, transmitindo a impressão de que podem ser facilmente manipuladas.

Inúmeras pesquisas foram conduzidas confirmando esse estilo tal como o descrevemos aqui, ressaltando uma forte influência da cultura e da educação em seu desenvolvimento. No entanto, do fato de alguém desenvolver uma predominância do estilo passivo, não se segue que em todas as situações se comportará dessa maneira, muito menos que não possa mudar de estilo. As mudanças podem ocorrer se houver participação da pessoa em grupos que valorizam outras características e apresentam disponibilidade de outros modelos, ou então, através de atendimento terapêutico. Quanto mais a passividade é generalizada para diferentes situações, mais difícil se torna a mudança sem o auxílio da psicoterapia.

Claramente esse não foi o estilo de comportamento de Jesus. Nas poucas ocasiões em que deixou de responder assertivamente, ele o fez de maneira consciente e porque a situação assim o exigia. Na grande maioria das situações, desde as familiares, até as de seu julgamento, Jesus agiu assertivamente e, em nenhum momento, poderia ser considerado desprovido de energia, fraco ou submisso. Igualmente procurou ensinar os seus discípulos a se libertarem da passividade, enfatizando o valor de se expressar e defender os próprios ideais: "Seja o vosso falar sim, sim; não, não". Em todos eles, procurou desenvolver a autoconfiança, mostrando várias vezes a importância e a necessidade de fazer escolhas e tomar decisões.

1.2. O estilo agressivo

Esse estilo se caracteriza pelo autoritarismo, intransigência e coerção. São as pessoas chamadas de "pavio curto", que agem impulsivamente e de maneira incisiva. O estilo agressivo envolve a autovalorização excessiva e frequentemente a desvalorização do outro, bem como a ameaça velada ou explícita ao interlocutor, não somente verbal, mas também física. Quanto à fala, observa-se fluência verbal, volume da voz exagerada e rapidez, podendo ocorrer taquilalia (velocidade excessiva da fala). Com relação à expressão facial, postura e gestualidade, observa-se cenho "carregado", contato visual intenso (intimidação), cabeça e ombros levantados e gestos de mando (indicador em riste). Nesse estilo, o objetivo é vencer, independentemente dos sentimentos das demais pessoas.

A agressividade se opõe, como vimos, à passividade. Opõe-se, igualmente, ao estilo de comportamento assertivo. Jesus várias vezes evitou que seus discípulos agissem dessa maneira, ensinando-os a se comportarem assertivamente. Na ocasião em que foram prendê-lo, Pedro, nervoso, fere o ajudante do Sumo

Sacerdote e Jesus acalma a situação, ordenando que o discípulo recolha sua arma[2]. Em outro momento, Jesus e seu grupo não foram recebidos em um povoado samaritano, sendo a vez de Tiago e João se mostrarem agressivos, porém Jesus não aceitou a sugestão de represália[3]. Jesus sabia muito bem que atingir os objetivos próprios ou do grupo, através da violência, é uma vitória que pode não durar muito tempo e gera desejo de vingança.

Uma figura que se encaixava perfeitamente no estilo agressivo foi a de Paulo (Saulo, nascido em Tarso), que perseguiu implacavelmente o movimento inicial do cristianismo e depois se tornou o seu grande propagador. Um estudo detalhado da vida de Paulo mostra o quanto ele alterou seu estilo, de agressivo para assertivo, a ponto de afirmar, com certo exagero: "Já não sou eu mais quem vivo, mas o Cristo que vive em mim".

1.3. O estilo assertivo

O estilo assertivo envolve afirmação pessoal, porém com respeito ao interlocutor. Nesse estilo, observa-se contato visual, volume de voz audível, firme e modulada conforme seus sentimentos; gestualidade adequada às diferentes situações interpessoais, postura comedida sem ser submissa ou desafiante. A pessoa assertiva defende os próprios direitos, sem desrespeitar o direito dos demais.

A assertividade é considerada uma habilidade de enfrentamento, defesa de direitos e exercício de cidadania. A definição

---

[2] Em Mateus 28,52: "Guarda a tua espada em seu lugar, pois todos os que pegam a espada pela espada perecerão".

[3] Lucas (9,54-55) registra: "Senhor, queres que ordenemos: desça fogo do céu para consumi-los? Ele, porém, voltando-se, repreendeu-os".

mais aceita é "a afirmação dos próprios direitos e expressão dos pensamentos de maneira direta, honesta e apropriada, que não viole o direito das outras pessoas"[4]. Recusar pedidos abusivos, expressar desagrado ou raiva, fazer pedidos e lidar com autoridade são algumas das habilidades assertivas mais comuns requeridas no dia a dia.

Pode-se identificar duas classes gerais de comportamento assertivo. Uma é a *assertividade reativa*, aquela em que a pessoa que se sentiu prejudicada pela ação de outrem tenta restabelecer o equilíbrio na relação. Trata-se, portanto, de uma reação. A outra é chamada de *assertividade pró-ativa*. Nesse caso não há um prejuízo ou uma ofensa direta, imediata, mas a própria pessoa inicia a interação conforme objetivos anteriormente definidos.

À primeira vista, se entendida superficialmente como defesa dos próprios direitos, sem qualquer consideração adicional, pode parecer que o comportamento assertivo se opõe aos principais valores da religião. No entanto, uma observação rigorosa da vida dos grandes homens, sobre os quais foram construídos movimentos ético-religiosos duradouros, não confirma essa suposição. Eram pessoas (Confúcio, Buda, Gandhi, São Francisco, entre outros) que possuíam excelente conhecimento de si mesmos e souberam, da melhor maneira, expressar assertivamente seus sentimentos e conhecimentos.

O ensino das religiões tem enfatizado bastante a autonegação como virtude e como vivência dos ensinos de Jesus, esquecendo que essa prática pode favorecer muito mais a dependência e apatia do que a participação ativa e a responsabilidade. Talvez por isso existam tantas pessoas que confundem passividade com humildade, servidão com amor,

---

[4] A definição é de J.L. Lange e P. Jakubowsky, no livro *Responsible assertive behavior* (Illinois: Research Press, 1976).

aceitação ingênua com tolerância, fraqueza com perdão. Esses equívocos fortalecem um sistema de crenças que contribui para o desenvolvimento do estilo de comportamento passivo. Por outro lado, há também, no grupo dos assertivos, uma confusão entre a defesa do que é simplesmente de interesse pessoal e a defesa do que é de fato direito justo e legítimo. Para se evitar esse equívoco é preciso ter em mente que direitos e deveres são faces de uma mesma moeda e se intercambiam em diferentes momentos do cotidiano.

2. ALGUMAS HABILIDADES ASSERTIVAS

Os estudos teóricos e de pesquisas na área do Treinamento Assertivo estabelecem algumas habilidades como pertencendo à categoria assertividade. As mais importantes são: opinar, solicitar mudança de comportamento, iniciar e encerrar conversação, fazer e recusar pedidos e lidar com críticas. A maioria delas aparece neste estudo, porém sem destaque especial. Dentre as habilidades assertivas, as de fazer e recusar pedidos e de lidar com críticas têm sido consideradas como as mais difíceis de serem exercitadas de forma competente. Em função disso, foram selecionadas para maior detalhamento a seguir.

2.1. Fazer e recusar pedidos

> Alexandre da Macedônia tinha grande admiração por Diógenes e, quando invadiu Corinto, deu a conhecer que esperava que o filósofo viesse procurá-lo, como faziam os moradores importantes da cidade. Como isso não aconteceu, decidiu procurar o filósofo e encontrando-o sentado à frente de sua casa, disse-lhe que pedisse o que quisesses, pois poderoso como era, seria capaz de atender o seu pedido. Diógenes olhou-o e fazendo-o ver que ele

se colocava à frente do sol, ocultando-lhe a sua luz e calor, disse-lhe:

– Meu pedido é que não tires o que não podes me dar.

Cotidianamente fazemos, aceitamos e recusamos pedidos. A maioria desses pedidos está relacionada aos diferentes papéis sociais e por isso não causam maiores dificuldades, uma vez que muitas das nossas necessidades somente podem ser satisfeitas pela intermediação de outras pessoas. Algumas vezes, no entanto, um pedido pode ser considerado abusivo quando extrapola os desempenhos próprios do papel social da outra pessoa, ou quando fere a sua dignidade e viola algum de seus direitos, tais como descanso, lazer, alimentação, privacidade, remuneração etc.

Aparentemente, pode parecer fácil recusar um pedido abusivo, irrazoável e pouco justificável por si mesmo. Todavia, ainda que a pessoa perceba se tratar de abuso ou exploração pode encontrar dificuldade para recusar devido a: a) receio de provável consequência negativa; b) não aprendizagem de habilidades de recusar; c) ansiedade excessiva; d) sentimento de culpa quando à recusa. Parece-nos que todos esses itens são autoesclarecedores, com exceção do item *d*. O sentimento de culpa se desenvolve pela educação e é modelado na relação pais e filhos. Muitos pais não aceitam que seus filhos possam lhes recusar qualquer pedido e, inadvertidamente, os fazem sentir-se culpados quando eles fazem as primeiras tentativas de recusa. Utilizam várias estratégias para isso, como a do apelo à autoridade ("Eu sou seu pai"), do dever ("Cabe a você, como filho, fazer o que estou lhe pedindo"), do sentimento ("Quantas noites eu não perdi o sono para cuidar de você..."). Algumas crianças podem generalizar a dificuldade de recusar pedidos dos pais para pedidos feitos por outras pessoas adultas, que se impõem pela combinação de autoridade e afetividade, o que pode ser bastante prejudicial (por exemplo, no caso de recusar drogas).

Os principais componentes envolvidos na habilidade de recusar são: a) dizer não ("Não é possível fazer o que você me solicita"); b) apresentar breve justificativa para o não atendimento ("O dinheiro que tenho é suficiente para as minhas despesas"); c) esclarecer o interlocutor (caso ele seja ingênuo) quanto à impropriedade de sua solicitação ("Isto contraria as normas de trabalho e penso que você deveria evitar esse tipo de pedido"). O item *c* depende da correta interpretação das intenções da pessoa que fez o pedido, se ela "sabe" o quanto sua solicitação é abusiva, ou simplesmente não tem condições de avaliar adequadamente.

Atender ou não um pedido não depende apenas de nossa possibilidade, mas também da avaliação que fazemos sobre a conveniência, a real necessidade, a forma e a ocasião em que ele foi apresentado. Os pais que nunca conseguem recusar pedidos de seus filhos estão, inadvertidamente, impedindo o fortalecimento de sua resistência à frustração.

Jesus recebeu muitos pedidos, quase sempre de pessoas que esperavam, com o seu concurso, resolver um problema pessoal ou intercediam em favor de outrem. Atendeu inúmeros pedidos e se recusou a atender pedidos abusivos.

> Os fariseus e os saduceus vieram até ele e pediram-lhe, para pô-lo à prova, que lhes mostrasse um sinal vindo do céu. Mas Jesus lhes respondeu: "Ao entardecer dizeis: vai fazer bom tempo porque o céu está avermelhado [...]. O aspecto do céu, sabeis interpretar, mas os sinais dos tempos não podeis. Uma geração má e adúltera pede um sinal, mas nenhum sinal lhe será dado, senão o sinal de Jonas. E, deixando-os foi embora" (Mateus 16,1-4).

Evidentemente, o pedido feito pelos fariseus e saduceus era abusivo e assim foi interpretado. Contudo, antes da recusa, Jesus procura deixar claro o quanto lhes faltava capacidade para discernir a respeito dos acontecimentos humanos e espirituais, embora soubessem observar e entender os fenômenos da natureza. Em geral, pessoas que se situam no estilo passivo têm dificuldades para recusar pedidos. Por outro lado, o agressivo não encontra essa dificuldade, mas frequentemente recusa de forma grosseira e hostil, em especial os pedidos abusivos.

Atender pedidos na medida do possível, considerando as observações sobre a justeza, forma e ocasião em que foram feitos é, igualmente, uma habilidade social importante. Demonstra sensibilidade às necessidades do outro, cooperação e espírito solidário.

Jesus atendeu muitos pedidos sempre que entendia que eram justos. O pedido que lhe fez sua mãe, no episódio chamado Bodas de Caná, para a qual Jesus e alguns de seus discípulos haviam sido convidados, aparentemente pode parecer abusivo ou, no mínimo, inconveniente, pouco pertinente aos objetivos e tarefas que Jesus se propôs.

> Ora, não havia mais vinho, pois o vinho do casamento havia se acabado. Então a mãe de Jesus lhe disse: "Eles não têm mais vinho [...]". Jesus lhes disse: "Enchei as talhas de água [...]". Quando o mestre-sala provou a água transformada em vinho – ele não sabia de onde vinha, mas sabiam os serventes que haviam buscado a água (João 2,3-9).

Maria não é explícita, mas ao dizer "eles não têm mais vinho" deixa entender que espera do filho uma solução para o problema. Esse tipo de pedido que poderia ser chamado de indireto é bastante usado devido à sua efetividade, pois transfere o problema e a responsabilidade ao interlocutor. Jesus a princípio se mostrou relutante em atender o pedido de sua mãe. Depois, dando mostra de grande tolerância, soluciona o problema. Ele deve ter entendido as dificuldades dos familiares, aproveitando para mostrar, uma vez mais, que o movimento iniciante não se colocava alheio às manifestações de alegria e nem se propunha ao isolamento social.

2.2. Lidar com críticas

Terminada a aula, alguns alunos se dirigiram ao professor fazendo algumas perguntas. Uma jovem permaneceu a uma certa distância. Quando os demais saíram, ela se aproximou. Fez, também, algumas perguntas e alguns comentários sobre o assunto abordado. Foi quando o professor pareceu mais interessado. Então ela lhe disse:

– Gosto muito desse tema, mas as anotações feitas no quadro quase nada me ajudam e, às vezes, me confundem.

O professor, admirado com o jeito da jovem aluna, olha para o quadro e se dá conta de que, de fato, ela estava coberta de razão. Com vários anos na docência nunca se dera conta do quanto utilizava mal o quadro-negro[5].

A partir desse dia o professor modificou a sua maneira de usar o quadro. Ao invés de fazer anotações para si mesmo, passou a utilizá-las de maneira organizada, em função das necessidades dos estudantes. Embora não nos pareça uma crítica difícil de ser aceita, muitos alunos têm apresentado opinião diferente.

---

[5] Essa crítica foi feita por uma aluna universitária ao primeiro autor deste livro. Isso ocorreu há muito tempo, e lhe permitiu melhorar bastante a forma de utilizar o quadro negro. Nunca mais ele a viu, porém se ela ler este livro e recordar, ficará sabendo o quanto sua crítica foi adequada e útil.

Em geral, as pessoas têm grande dificuldade no domínio dessa habilidade. Ela envolve três componentes: 1) aceitar críticas; 2) rejeitar/rebater críticas; 3) fazer críticas. Nossa posição, tendo em vista a coerência entre o pensar, o sentir e o agir é que, antes de tudo, torna-se necessário o estabelecimento de alguns critérios, pois a crítica não se resume à descrição de algum comportamento, ela envolve um juízo de valor.

Os critérios estabelecidos foram baseados em um acontecimento que supostamente teria ocorrido com Sócrates[6], que viveu cerca de trezentos anos antes de Jesus. Esse filósofo, coincidentemente, também foi condenado à morte porque defendia ideias diferentes daquelas que vigoravam no mundo grego. Os critérios são três. O primeiro é o de veracidade (o que eu pretendo dizer a respeito de alguém é verdadeiro?); o segundo é o de utilidade (minha crítica vai contribuir para o crescimento dessa pessoa?); o terceiro é o de adequação (estou certo de ter escolhido as palavras adequadas, o tom de voz apropriado e a melhor ocasião?).

Algumas dessas normas são válidas também para a aceitação de críticas que, estando de acordo com esses itens, o criticado deve ouvir e se esforçar para modificar aquilo que foi

---

[6] Conta-se que certa ocasião foi procurado por um conhecido que insistia em lhe contar certos acontecimentos. Tais acontecimentos referiam-se a críticas que alguém havia feito ao filósofo. Não sabendo mais como se livrar do inoportuno, Sócrates lhe propôs que ele só deveria contar as coisas que passassem pelo crivo das três peneiras. A primeira peneira era muito fina e se chamava veracidade, a segunda era mais fina ainda e representava a utilidade, enquanto a terceira peneira, muito mais fina que as anteriores, era designada por boas maneiras. Para concluir o filósofo teria travado o seguinte diálogo: – *O que você quer me contar passa pelo crivo da primeira peneira? Ou seja, é absolutamente verdadeiro?* – ??? – *Passa pela segunda peneira. Isto é, tem alguma utilidade para mim, ou para outras pessoas?* – ??? – *E o crivo da terceira peneira? Falar sobre pessoas na ausência delas são modos corretos?* O visitante despediu-se e nunca mais o importunou.

destacado pelo outro. A rejeição da crítica pode se basear na falta de atendimento a esses critérios. Entendemos que esses critérios têm uma importância muito grande para o domínio dessa habilidade.

A habilidade de lidar com críticas tem sido referida como uma das mais difíceis para a maioria das pessoas. O *receber/ aceitar* porque afeta bastante a autoestima; o *fazer* porque, geralmente acompanhado de desagrado e raiva, acaba ocorrendo em momento inoportuno, de forma inapropriada e, quase sempre, extrapolando o motivo inicial; o *rebater* pelo fato de, em geral, resvalar para a justificativa e o contra-ataque. Uma vez que atendam os critérios anteriormente referidos, a crítica pode ter resultados positivos para os dois lados, para quem a faz e para quem a recebe. Independentemente disso, se a sociedade se guiar pelo paradigma de Jesus, certamente se observará um decréscimo do comportamento de criticar de forma inadequada e de suas consequências negativas.

Uma interpretação correta do novo paradigma não significa a omissão da crítica, mas a sua emissão construtiva, que supera o imediatismo do desabafo pela preocupação em contribuir com o crescimento do outro. Em outras palavras, a crítica pode ser uma forma de amor ao próximo quando na perspectiva do aforismo, *ama ao próximo como a ti mesmo*. A escolha do momento apropriado (procurar uma situação em que não haverá interrupção na conversa e que a pessoa disponha de algum tempo para ouvir), o uso de palavras que atendam o objetivo da crítica sem ferir ("você se comportou de maneira inconveniente, gritou e me ofendeu ao dizer que sou tolo..."), a compreensão do limite do outro para aceitar e, em caso de forte resistência e a espera de outra oportunidade ("Se você não pode conversar agora, poderemos fazer isso em outro momento") são quesitos importantes, centrados na relação mais do que nos interesses pessoais daquele que crítica.

3. QUANDO A ASSERTIVIDADE NÃO DEVE SER USADA

A análise das relações interpessoais indica a existência de pelo menos quatro condições em que o comportamento assertivo deveria ser evitado: a) no caso de alta probabilidade de reação violenta do interlocutor àquele que emite o comportamento assertivo, podendo tal reação lhe ser bastante danosa; b) em uma situação em que o interlocutor realiza tarefas profissionais, com desempenho abaixo do esperado por razões outras, que excluem a má vontade ou displicência e os danos e/ou aborrecimentos causados são pequenos; c) quando a relação ocorre com pessoas extremamente suscetíveis ou com problemas devido a fatores como a idade avançada, doenças etc.; d) quando a assertividade contrasta notavelmente com as práticas culturais e pode ser considerada abusiva, equivocada ou agressiva.

O item d se refere a práticas subjacentes a alguns valores refinados, cultivados por determinados grupos ou comunidades, onde a expressão direta e honesta de sentimentos seria entendida como extrapolando ou ferindo a conveniência, explícita ou não. Por exemplo, alguns grupos religiosos rejeitam certas ideias quando apresentadas de maneira direta, mas podem aceitá-las quando mescladas com preâmbulos e expressões indiretas, "não tenho muita certeza, mas, poderíamos pensar em...". No Brasil, são observadas muitas diferenças regionais quando à forma de expressão. Em alguns estados como os do nordeste, as observações elogiosas ou críticas são ditas de maneira direta, enquanto que em outras regiões são comunicadas mais cuidadosamente ou são omitidas.

Uma das dúvidas trazidas por Laura, sobre passagens evangélicas citadas no início deste capítulo, como, por exemplo, entregar além da túnica também a camisa e oferecer a outra face, poderiam ser considerados comportamentos que se ajustam à primeira condição, em que o exercício de habilidades assertivas deveria ser evitado. Mas o que fazer nessas situações, principalmente no caso do item *a,* quando já existe uma ameaça? Para essas condições (como também para as demais) não existem fórmulas ou receitas preparadas. Porém, cabe a cada um, individual e coletivamente, descobrir soluções criativas dentro da orientação do novo paradigma.

Se algumas das condições relatadas nos evangelhos não se repetem hoje em dia de maneira tão semelhante, foi porque reações obstinadas de homens e mulheres que corajosamente expressaram suas indignações alteraram as leis e os costumes. Por exemplo, na legislação brasileira, se uma pessoa tem uma única casa e nela habita, esta não pode ser reclamada pelos seus credores. Ou seja, a legislação avançou, preservando à pessoa em dificuldade o direito à moradia. Existem outras situações atuais, especialmente a de agressão interpessoal, que se assemelham bastante ao que ocorria naqueles tempos, ainda que os contextos sejam outros. Temos que descobrir formas criativas de assertividade dentro da essência do novo paradigma na resolução desses problemas, como sugere o exemplo que segue.

> Quando meu chefe ficava irritado, ele despejava toda a sua raiva em cima de mim. Isso acontecia várias vezes em uma semana e, ocasionalmente quando surgiam problemas, mais de uma vez em um só dia. Sua atitude deixava-me arrasada, pois eu estava fazendo um bom trabalho e, com frequência, ficava além do horário para manter o expediente em dia. Minha vontade era lhe dizer para não agir dessa maneira comigo, não gritar, não me culpar por erros que não havia cometido e que me tratasse respeitosamente como eu o tratava. Sabia, no entanto, que se lhe dissesse isso, seria demitida no mesmo momento. Então, um dia tive uma idéia, que nasceu assim, ao acaso. Quando ele começou a gritar eu fixei meu olhar em seu pescoço, em seu lado esquerdo. Ele estranhou e,

ainda irritado, mas já não falando muito alto, perguntou o que estava acontecendo, o que eu olhava. Disse-lhe então que, quando ele ficava nervoso, sua veia aorta inchava igual a de um tio que também não conseguia se controlar. Até que um dia meu tio teve uma síncope e caiu. Morreu imediatamente e nada pôde ser feito por ele. Meu chefe saiu da sala e nunca mais gritou comigo e nem com qualquer outra pessoa do escritório.

Essa experiência foi relatada em um programa de Treinamento de Habilidades Sociais por uma participante, que contou ao grupo como ela descobriu uma maneira inteligente de impedir que seu chefe continuasse a tratá-la de maneira desrespeitosa e injusta, como era de seu costume.

Evidentemente, essa participante nessa situação não podia optar pela resposta assertiva direta. No entanto, sua maneira de agir não pode ser classificada dentro do estilo agressivo. Pode-se dizer, portanto, que as habilidades assertivas incluem, também, a escolha de não reagir assertivamente: nesse caso, trata-se da opção entre a reação assertiva e uma aparentemente passiva. Conforme tudo o que foi referido antes, essa escolha não inclui a opção agressiva, cujo resultado seria totalmente duvidoso. A assertividade pode, consequentemente, ser considerada uma habilidade social cristã. Constitui uma forma adequada de colocar nossa indignação e nossa raiva a serviço da vida. Sua forma mais visível é a coletiva, como por exemplo, quando milhares de pessoas saem às ruas e pressionam os governos para não fazerem a guerra[7].

---

[7] Escrevemos esta parte do livro, em fevereiro de 2003, quando os Estados Unidos se preparavam para uma guerra contra o Iraque. Milhões de pessoas começavam a se posicionar contra a guerra. Cerca de 500 mil pessoas desfilaram pelas ruas de Nova York, pedindo soluções diplomáticas, o mesmo acontecendo em outras cidades, em várias partes do mundo. Estamos apreensivos, mas também esperançosos de que a insensatez não prevaleça.

4. JESUS ASSERTIVO

Os líderes religiosos, em geral, reconhecem o amor como uma força positiva e ativa. Se, entretanto, a religião cultivar a autonegação do *eu* e incentivar o sentimento de culpa mais do que o amor equilibrado a si mesmo, ela formará pessoas passivas, que podem se tornar incapazes de amar verdadeiramente. A religião, ao "impor uma renúncia quase neurótica"[8] no dizer de Leonardo Boff, cria uma imagem negativa da vida presente, a ser substituída pela esperança de uma vida futura.

No entanto, se o Iahweh dos judeus estava na maioria das vezes zangado, o Deus que Jesus anunciou era o Deus do amor, que não se opunha à alegria e à vida. O amor é energia, é força e, como tal, precisa se expressar. Jesus é o modelo mais perfeito de expressão de amor autêntico, que conseguiu equilibrar mansuetude e firmeza, coragem e paciência. Nem mesmo a ameaça de morte o impediu de viver o seu ideal, agindo assertivamente sempre que entendia que era necessário.

Jesus frequentemente reagia às provocações de seus adversários de maneira assertiva e, outras vezes, ele aproveitava o início de uma interação, aparentemente não provocativa, para se expressar assertivamente. As passagens que seguem ilustram essas duas formas, respectivamente.

> Ora, ali estava um homem com a mão atrofiada. Então lhe perguntaram a fim de acusá-lo: "É lícito curar aos sábados?" Jesus respondeu: "Quem haverá dentre vós que, tendo uma ovelha e caindo ela numa cova em dia de sábado, não vai apanhá-la e tirá-la dali? Ora, um homem vale mais do que uma ovelha!" (Mateus 12,10-11).

---

[8] A expressão "renúncia quase neurótica" foi utilizada por Leonardo Boff, no livro Vida para além da morte (Petrópolis: Vozes, 1973).

[...] Ai de vós, fariseus, que apreciais o primeiro lugar das sinagogas e as saudações nas praças públicas! [...] Um dos legistas tomou então a palavra: "Mestre, falando assim, tu nos insultas também!" Ele respondeu: "Igualmente ai de vós, legistas, porque impondes aos homens fardos insuportáveis, e vós mesmos não tocais esses fardos com um dedo sequer!" (Lucas 11,42-46).

No primeiro caso, observa-se uma evidente tentativa de colocá-lo em uma situação difícil. Se ele respondesse a pergunta diretamente, cairia na armadilha que lhe foi preparada. No segundo caso, Jesus almoçava na casa de um fariseu e responde a dois interlocutores. Inicialmente, ao ser criticado por um fariseu, por não fazer as abluções, como era de costume, respondeu de modo assertivo. Na sequência de sua fala, foi interrompido por um legista, que se queixou, chamando-o de Mestre, mas encerrando a frase de forma aparentemente indignada. Pode-se ver, nessa fala do legista, um jeito melífluo (doce) combinando, contudo, o "agrado" com uma certa rudeza. Talvez o legista esperasse uma resposta amena nessa situação, supondo que Jesus não iria fazer oposição a dois grupos (fariseus e legistas) simultaneamente. Parece-nos uma tentativa de amenizar, conciliar. Todavia, conhecendo muito bem o que eles faziam em relação aos impostos, e tomando aquele indivíduo como representante de um grupo poderoso, que não falava por si mesmo, Jesus manteve o mesmo padrão assertivo e o admoestou severamente.

As primeiras reações de Jesus às provocações dos fariseus foram do tipo *assertiva branda*, como no primeiro exemplo, enquanto que, posteriormente, foram se tornando mais severas, como no segundo (essa é a fase mais avançada da assertividade). A essa graduação dá-se a denominação de *assertividade em escalada*, o que ele fez para neutralizar a "esperteza" dos fariseus.

A passagem em que Jesus afirma que não devemos resistir ao homem mau, que poderia ser interpretada como um ensinamento oposto às próprias atitudes de Jesus, encontra-se em Mateus (5,38-41) e é chamada de a mais impopular das mensagens cristãs[9], porque aparentemente induz à passividade. Pensamos que ela não deve ser considerada isoladamente de suas diversas alocuções. Situando-a historicamente, podemos examinar cuidadosamente e verificar se há, ou não, congruência com as atitudes de Jesus e se ela se distancia do paradigma que ele anunciou.

> Ouviste o que foi dito: olho por olho e dente por dente. Eu, porém vos digo: não *resistais* ao homem mau; antes, àquele que te fere na face direita oferece-lhe também a esquerda; e àquele que quer pleitear contigo, para tomar-lhe a túnica, deixa-lhe também a veste; e se alguém te obriga a andar uma milha, caminha com ele duas. Dá ao que te pede e não volte as costas ao que te pede emprestado.

A reação na mesma ou em maior proporção por todas as coisas más recebidas tais como ofensas à honra pessoal e à família, ou agressões verbais e físicas, como xingamentos, cuspadas, tapas e socos, era considerada natural pela adoção do modelo olho por olho e dente por dente. Esse modelo de conduta permeava as sociedades da época (judaica, romana, grega, fenícia etc.) e servia de justificativa ao revide e à vingança. Jesus pretendia romper esse círculo alimentado pelo ódio. Na nova perspectiva oferecida, o mal não devia ser combatido com o mal, a violência não devia ser respondida com a violência. Não

---

[9] Opinião de M. Linn, S.F. Linn e D. Linn, autores do livro *Não perdoe cedo demais – Estendendo as duas mãos que curam* (Campinas: Veras, 2000). Essa opinião foi elaborada após diálogos com católicos da cidade do México, dos Estados Unidos e das Filipinas.

somente devido à pedagogia do amor mas, também, porque essa estratégia não era efetiva dentro de uma visão mais ampla de progresso espiritual e social, que necessariamente inclui a tolerância e a paz para facilitar a convivência com o diferente.

A experiência posterior da humanidade mostra que, ainda hoje, a efetividade da pena de talião (olho por olho...) é duvidosa. A vingança tem propiciado, tanto no plano interpessoal quanto no intergrupal e entre países, um processo desequilibrante e destrutivo cujo resultado final pode ter proporções incomensuráveis, atingindo, também, outros não diretamente envolvidos. As tragédias, as incompreensões, as guerras como solução para os problemas entre países, têm merecido mais atenção dos estudiosos do que as relações equilibradas e as soluções pacíficas. Não obstante a preponderância dessa cultura, existem registros que atestam a eficácia da adoção do modelo de Jesus: o magnífico episódio da libertação da Índia do domínio inglês e a Revolução dos Cravos em Portugal são soluções emblemáticas nas relações entre países.

A revolução não violenta da Índia tornou conhecido seu principal líder, Gandhi, que afirmou: "O primeiro princípio da ação não violenta é o princípio da não cooperação com o que quer que seja que nos humilhe". Na Revolução dos Cravos, os soldados desceram dos tanques e carros, entregando aos populares cravos vermelhos. A confraternização foi maravilhosa.

Podemos recordar, ainda, outros acontecimentos. A derrubada do muro de Berlim em 9 de novembro de 1989. Nenhuma polícia, nenhum exército marcharia contra aquela gente que, cansada da separação insensata, unificou a Alemanha, com as próprias mãos. Pacificamente! O povo fez, em poucos dias, o que os organismos internacionais, embaixadores, especialistas e governos não conseguiram em vinte anos. A luta do negro americano pela igualdade dos direitos civis foi igualmente admirável. Martin Luther King compreendia que o poder do amor expressado na não violência "era como um fio de espada que corta sem ferir"[10].

No plano interpessoal ou não, se respondemos a uma agressão do mesmo modo e com igual ou maior intensidade, estamos nos comportando exatamente da mesma maneira que o agressor. De nada adiantaria a justificativa, muito usada pelas crianças, "foi ele quem começou". Nos dramas de ódio, o procedimento de tentar identificar o culpado da primeira ação desequilibrada é inútil. Por outro lado, responder da mesma forma é um tipo de reação que iguala o agredido ao agressor e significa, muitas vezes, fazer o jogo do adversário. É isso o que ele espera para que o seu próprio desequilíbrio seja justificado: "Está vendo como somos iguais!" ou, "Veja como você é muito mais desequilibrado, mais odioso do que eu!"

É possível supor, na linha de interpretações utilizadas por alguns autores[11], uma análise que leve em consideração o significado de alguns termos e dos costumes e leis da época. Por exemplo, "não resistais ao homem mau". A palavra resistais, do grego *antistênais*, tem o significado de resistir violentamente. E nessa, como em outras análises feitas por Jesus sobre os relacionamentos humanos, sua posição era a de se opor ao antigo modelo com propostas ousadas de relacionamento interpessoal. Inúmeras narrativas mostram Jesus desafiando os costumes e as normas ou apoiando seus discípulos quando estes assim o faziam. Sua atitude era a de que, se um costume ou norma segue em sentido oposto ao bem comum, ele deve ser alterado. Por isso, quando criticado sobre curar no dia de sábado, ele respondeu: "Eu sou o senhor do sábado".

---

[10] Essa citação pode ser encontrada em M. Emmons e D. Richardson, *The assertive Christian* (Minneapolis: Winston Press, 1981).

[11] Cf., por exemplo, M. Linn, S. F. Linn e D. Linn, já citados.

É importante, no entanto, evitar a tentação de buscar uma justificativa para cada alocução isolada, desconsiderando a sua inserção no conjunto do pensamento de Jesus. Por que oferecer a outra face? Isso não se opõe às ações do Jesus assertivo? Aparentemente sim. O que sabemos é que, em algumas situações, o "não responder" pode alterar o comportamento do agressor e que a entrega de objetos (túnica no passado, calçado de marca famosa no presente) pode preservar a vítima. Os estudos da etologia animal mostram que alguns indivíduos (lobos, por exemplo), quando não podem fugir e não têm condições para enfrentar o adversário, viram-lhe o pescoço e este desiste de feri-los, mesmo podendo. Oferecer a outra face poderia ser entendido dessa maneira, como uma estratégia de autopreservação. Também constitui um recurso criativo, que pode interromper a ira do agressor, colocando-o em uma posição delicada perante si mesmo e os demais.

Nossa opinião é que tais recomendações não contrariam o novo paradigma para interações sociais estabelecido através dos aforismos "Tudo aquilo que quereis que os homens vos façam, fazei vós a eles" e "Ama a Deus sobre todas as coisas e ao próximo como a ti mesmo". Existem algumas situações em que a assertividade tem pouca ou quase nenhuma probabilidade de alcançar resultado satisfatório, restando a opção entre passividade e agressividade. Tudo indica que, nesse caso, Jesus recomendaria a escolha da passividade em detrimento da agressividade, contudo não indefinidamente, retornando logo que possível à prática assertiva. A resposta agressiva pode exasperar mais ainda o agressor pois, além de igualar os dois membros da interação, diminui a possibilidade de comunicação. Já a passividade (neste caso) mantém o desequilíbrio da relação (apenas um dos membros se alterou) e deixa aberto o caminho do diálogo para o futuro.

Em um salão de refeições de um hotel, durante um jantar, presenciamos um acontecimento constrangedor. As mesas estavam todas ocupadas e o ambiente era alegre. Dois homens, um presumivelmente na casa dos 45 anos e o outro um pouco mais jovem, conversavam com animação quando, de repente, o que aparentava mais idade se exasperou e, gritando, mandou que o outro se calasse. Não apenas o seu interlocutor ficou quieto, como todas as demais pessoas se calaram e se voltaram para o agressor. Este passou os olhos pelo salão sem saber o que fazer. Deu para perceber que ele se sentia completamente perdido. Surpreendentemente, o outro lhe tocou o braço, chamando sua atenção para uma folha de papel e continuou a lhe falar como se nada tivesse ocorrido. Imediatamente todos voltaram a conversar, no princípio um pouco mais baixo e logo no mesmo burburinho.

Esse é um caso que ilustra bem a opção pela resposta passiva, mais conciliatória, ao invés da assertiva. Possuindo o agressor um mínimo de sensibilidade, certamente ele deve ter se sentido duplamente em dívida com o companheiro ofendido.

6

HABILIDADES SOCIAIS EMPÁTICAS

Pedrinho estava transido de sono, mas esforçava-se em permanecer com os olhos abertos, movendo o carrinho de brinquedo de um lado ao outro no piso da cozinha. Os pais, à mesa, faziam somas e anotavam as prioridades e datas dos próximos pagamentos. O mês havia sido difícil, com muitas despesas não previstas. A mãe, dando-se conta do adiantado da hora, pegou o filho ao colo e o levou para a cama. O sono era tanto que a criança não protestou.

No dia seguinte, Pedrinho, no momento do café da manhã, retira do bolso uma moeda de um dólar, que ganhara de um tio, entrega-a ao pai e lhe diz.

– Toma pai. É para você pagar as contas. O tio Alberto disse que é dólar e por isso vale muito.

O pai, surpreso, recusa sem saber o que falar, mas a mãe, com lágrimas nos olhos, abraça a criança, pega a moeda e agradece sua colaboração. Depois a devolveria explicando que não foi preciso usá-la[1].

Pais frequentemente discutem vários assuntos com seus filhos por perto, supondo que eles estejam atentos a outras coisas e que não estão registrando a conversa. No entanto, em

---

[1] Esse acontecimento nos foi narrado particularmente, por um participante de um curso, na cidade de Matão, quando falávamos da empatia e o seu desenvolvimento na infância.

geral, mesmo que não demonstrem no momento, eles guardam o conteúdo principal, especialmente quando há demanda emocional no diálogo. O caso de Pedrinho é um exemplo típico de empatia. Evidentemente, a criança não teve uma compreensão exata da situação, porém identificou: a) a demanda emocional (preocupação, sofrimento) dos pais; b) a relação entre essa demanda e pagamentos a serem feitos; c) ausência de recursos (dinheiro). No outro dia Pedrinho ainda não havia se libertado do problema e o faz ao oferecer sua moeda (para ele o valor era muito grande) aos pais, com a esperança de aliviar suas preocupações. Pedrinho tinha três anos e meio e a mãe soube aproveitar a situação de maneira bastante educativa.

O termo *empatia* vem do grego *empátheia* e originalmente significava *entrar* no sentimento do outro. O significado atual guarda alguma semelhança com o anterior; porém, as pesquisas trouxeram informações valiosas sobre essa habilidade. Sabe-se que, com poucas semanas após o nascimento já é possível identificá-las em algumas crianças, e que a sua ausência pode dificultar a formação de relacionamentos satisfatórios e duradouros. A empatia comporta três componentes: o cognitivo (adotar a perspectiva do outro); o afetivo (sentir com o outro) e o comportamental (expressar compreensão e sentimento em relação às dificuldades ou êxitos do interlocutor).

Pode-se dizer que a aprendizagem de habilidades empáticas é "quase espontânea", ou seja, ao nascer, trazemos um equipamento muito bem preparado para aprendê-la. Crianças com poucas semanas de nascimento já demonstram empatia e, bastando que pais ou cuidadores não atrapalhem, há uma alta probabilidade de que esse desenvolvimento siga seu curso adequadamente.

Pais empáticos tornam as condições mais propícias para essa aprendizagem enquanto o oposto também é verdadeiro[2]. Além de oferecer modelos de comportamentos, os pais empáticos tendem a premiar, de diversas maneiras, o desempenho da criança nessa direção (como fez a mãe de Pedrinho), enquanto os pais não empáticos oferecem modelos em sentido oposto e alguns tendem a punir a empatia manifestada pela criança. Uma diretora de escola nos relatou ter assistido a uma cena que, segundo ela, não é totalmente incomum. Uma criança se aproximou de sua mãe, no momento de retorno para casa e, sorridente, contou-lhe que havia dividido seu lanche com um colega que naquele dia não havia levado nada para o recreio, ao que a mãe retrucou de maneira inamistosa: "Você é um tolo mesmo!" A maioria dos pais que age dessa forma o faz pensando, equivocadamente, que a criança precisa aprender a "defender o que é seu", ser "forte" e "dura" para poder "vencer" na vida.

A esses pais, podemos dizer sem nenhum receio: não se preocupem tanto com a bondade de seus filhos, mesmo que a considerem como fraqueza e incompatível com a aprendizagem de comportamentos competitivos. Eles não terão, em suas vidas, muitos modelos de bondade, mas terão vários modelos de indivíduos centralizadores. Por outro lado, a empatia será um fator relevante para o crescimento deles como ser humano, o que poderá se tornar um diferencial importante, inclusive na atividade profissional.

A empatia está na base de um conjunto de habilidades sociais, como as de solidariedade, as educativas, as de amizade etc. A cada dia que passa observa-se uma valorização crescente dessas habilidades, inclusive no mercado de trabalho.

---

[2] Essa citação está baseada na pesquisa de Fabíola Álvares Garcia Serpa, sob orientação de Zilda, *Investigando diferentes indicadores de empatia em meninos e sua relação com a empatia e ações educativas dos pais* (Mestrado em Psicologia, Universidade de São Paulo, Ribeirão Preto).

Jesus demonstrou inúmeras vezes essa habilidade. O leitor, mesmo aquele não habituado à leitura dos textos evangélicos, constatará isso facilmente. Selecionamos um episódio relatado por Mateus (20,20-23), em que a sua habilidade empática pode ser observada.

> Então a mãe dos filhos de Zebedeu, juntamente com seus filhos, dirigiu-se a ele, prostando-se, para fazer-lhe um pedido. Ele perguntou: "O que queres?" Ao que ela respondeu: "Dize que estes meus dois filhos se assentem um à tua direita e o outro à tua esquerda, no teu Reino". Jesus, respondendo, disse: "Não sabeis o que estais pedindo. Podeis beber o cálice que estou para beber?" Eles responderam: "Podemos"[3].

O pedido feito pela esposa de Zebedeu, em favor de João e Tiago, revela a preocupação de uma mãe com relação ao futuro dos filhos. Ao invés de uma resposta assertiva direta de negação, ou de relembrar aos rapazes a ausência de hierarquia no grupo, Jesus faz opção por uma resposta empática: ouve a mãe e a contrapõe, procurando verificar se ambos estavam cientes das consequências, caso esse pedido fosse aceito. Jesus identifica a preocupação dela quanto ao futuro dos filhos e a sua ignorância sobre o Reino. Há evidente confusão da mãe a respeito do funcionamento do grupo do qual os filhos eram membros. Com relação aos jovens, que aceitaram a mediação materna para aquele pedido, pode-se pensar também sobre a ambição de ambos em relação a posições que pensavam que deveriam e mereceriam ocupar, se não no presente, pelo menos no futuro.

---

[3] Marcos (10,35) não faz referência à mãe, registrando tão somente que o pedido fora feito por Tiago e João, filhos de Zebedeu. Considerando a presença constante de mulheres no movimento e o fato de que os rapazes sabiam da aversão de Jesus a qualquer hierarquia no grupo, parece-nos mais provável que a mãe tenha feito o pedido.

Eles acreditavam mais no poder da intercessão do que no do mérito. De certa maneira, fizeram uma analogia com o que conheciam sobre a organização política de Jerusalém e de Roma, muito embora Jesus houvesse, por várias vezes, explicitado as premissas do Reino. O pedido causou mal-estar entre os demais membros do grupo e, novamente, Jesus age empaticamente, compreendendo e reafirmando as diferenças entre a organização do grupo e a organização política vigente (cf. Mateus 20,24-27):

> Ouvindo isso, os dez ficaram indignados com os dois irmãos. Mas Jesus, chamando-os, disse: "Sabeis que os governadores das nações as dominam e os grandes as tiranizam. Entre vós não deve ser assim. Ao contrário, aquele que quiser tornar-se grande entre vós seja aquele que serve, e o que quiser ser o primeiro entre vós, seja o vosso servo".

As pessoas menos expressivas muitas vezes conseguem sentir empatia, mas encontram dificuldade para comunicar seus sentimentos. Por outro lado, demonstrar empatia em relação aos problemas e sofrimentos dos outros é mais fácil quando comparada a demonstrar empatia em relação ao êxito e felicidade. Contou-nos um participante de um curso de Treinamento de Habilidades Sociais o caso que segue:

> Um meu colega de trabalho havia, com bastante esforço, adquirido um terreno, onde pretendia construir uma casa para morar com esposa e filhos. Satisfeito com o resultado do negócio, convidou três de seus colegas para visitarem a pequena área comprada. Ele estava simplesmente feliz e queria compartilhar com os amigos. Dois dos companheiros de trabalho, logo ao chegarem ao local, fizeram reparos quanto ao acerto da aquisição. Um falou sobre a inclinação do terreno, outro se referiu à distância excessiva em relação ao centro da cidade. O terceiro,

no entanto, abraçou o amigo realçando vários aspectos positivos, quanto ao preço, à pequena distância em relação ao local de trabalho, cujo trajeto poderia ser feito de bicicleta ou andando e, quanto à inclinação do terreno, disse que isso poderia ser vantajoso se bem aproveitado. Para encerrar, fez algumas sugestões quanto à posição da futura casa e novamente parabenizou o colega pela aquisição.

A ausência de empatia em dois dos integrantes do grupo é visível, ambos avaliaram a aquisição apenas sob as perspectivas da inclinação do terreno e da distância em relação ao centro da cidade. Mesmo que estivessem corretos, existiam outros elementos que poderiam ser considerados e, além disso, não se tratava de uma consulta prévia à decisão quanto a comprar ou não o terreno. As considerações que eles fizeram poderiam ser interpretadas como "falta de sensibilidade", ou mesmo "inveja". A terceira pessoa revelou empatia: foi capaz de ver aspectos positivos, admitir o problema da inclinação do terreno, porém sugerir alternativa para melhor aproveitamento dessa topografia.

1. O EFEITO DA EMPATIA

Com base no que foi afirmado até o momento, podemos dizer que a definição da empatia comporta três componentes: a) o cognitivo (pensamento, memória, percepção); b) o afetivo; c) o comportamental. Em um processo empático, em que o outro se encontra em dificuldade, inicialmente a pessoa percebe que algo não está bem com o outro e se esforça para compreender o que lhe aconteceu (a memória e o raciocínio são então ativados). Em seguida, a emoção também participa e, na maioria das vezes, há uma espécie de "assimilação" do sentimento que o interlocutor transmite mesmo não querendo.

Após isso, a pessoa expressa (comunica) a sua empatia, procurando demonstrar que compreende, que se dispõe a ouvir e, se possível, a ajudar. Essas três etapas se aplicam também à expressão empática diante de felicidade do outro. Indivíduos não empáticos não percebem e/ não sentem o estado emocional do outro e, consequentemente, não comunicam empatia.

Algumas pessoas são capazes de compreender e sentir, porém encontram grande dificuldade para comunicar isso, ou o fazem de maneira incorreta. Por outro lado, aquele que vive algum problema, muitas vezes deseja apenas encontrar alguém que o escute. Certa ocasião fomos procurados por uma pessoa que falou durante aproximadamente uma hora, não dando a menor oportunidade para qualquer intervenção de nossa parte. Finalmente, interrompeu a fala, tomou fôlego e disse: "Muito obrigado! Você me ajudou bastante, agora sei o que fazer".

Um passo importante da compreensão empática é o de ajudar o outro a falar. Para tanto é preciso colocar em ação a escuta sensível, demonstrando disposição para ouvir e utilizar apenas intervenções que facilitem o "desabafo" tais como: "Você estava dizendo que...", "Então você achou melhor ter uma conversa franca com seu pai", "Quando você iniciou o tratamento sentiu boa melhora, depois...", "Compreendo como você deve se sentir" etc. A comunicação empática alivia o estresse e a tensão, rompe o sentimento de isolamento, diminui a desesperança e vergonha e recupera a autoestima. Para que isso ocorra precisamos desenvolver um padrão adequado de comunicação empática. Na maioria das vezes, ansiosos por resolver o problema das pessoas, não conseguimos emitir a comunicação verdadeiramente empática. O próximo tópico trata desse assunto.

2. DUAS FORMAS DE COMUNICAÇÃO

Podemos, grosso modo, classificar nossa forma de agir, em relação às dificuldades das pessoas com quem convivemos, em comunicação pseudoempática e comunicação empática. O primeiro tipo ou forma se caracteriza pela tentativa de resolver o problema do outro, ou da própria relação, indicando o que a outra pessoa deve fazer, mas negando ou ignorando os seus sentimentos. O segundo procura demonstrar compreensão quanto aos sentimentos do outro, podendo ou não auxiliar e fornecer elementos de reflexão para que o outro consiga, ele próprio, tomar decisões. Cabe ao leitor analisar os dois tipos e verificar em qual deles se enquadram as comunicações que vem usando.

2.1. Comunicação pseudoempática

- Essa sua tristeza mostra que você não está conseguindo reagir e está sendo fraco.

- Acho que você não deve ficar assim. Não se entregue, ele/ela não merece suas lágrimas.

- Nada justifica esse seu medo! Faça como eu, enfrente seu chefe cara a cara, seja durão e não deixe de lhe dizer algumas verdades.

- Faça uma cara alegre, percorra as lojas, compre umas roupas e você vai se sentir muito melhor.

- Você já tem sete anos! Não tem que sentir medo, não senhor!

- Você está com raiva porque a professora lhe chamou a atenção? Pois pode rir, amanhã mesmo vou ter uma conversinha com ela.

• A injeção não doeu tanto quanto você está dizendo. Além disso, você é homem e homem não chora.

2.2. Comunicação empática

• Compreendo sua tristeza, vamos ver juntos como você poderia fazer.

• Sei que o rompimento de uma relação traz todos esses sentimentos, procure não se abater.

• Penso que você tem razão em ser cauteloso, mas se isso não for suficiente, talvez seja necessário pensar em outras estratégias.

• Eu também já senti medo, é natural, o que você acha que pode fazer?

• A sua raiva da professora é por que você se sente injustiçado, examine bem o que aconteceu.

• A injeção deve ter doído como você diz, mas logo você vai se sentir melhor.

A base da empatia é a tomada de perspectiva, ou seja, colocar-se no lugar do outro, sentir o que ele está sentindo e expressar a compreensão sobre sua situação. Tudo isso desloca, nesse momento, o foco de interesse de si para o outro, criando possibilidade de reciprocidade futura, o que pode trazer novos significados para a relação.

7
HABILIDADES SOCIAIS DE AMIZADE

> Não é que fôssemos amigos de longa data. Conhecemo-nos apenas no último ano de escola. Desde esse momento estávamos juntos a qualquer hora. Há tanto tempo precisávamos de um amigo que nada havia que não confiássemos um ao outro. Chegamos a um ponto de amizade que não podíamos mais guardar um pensamento: um telefona logo ao outro, marcando encontro imediato. Depois da conversa, sentíamo-nos tão contentes como se nos tivéssemos presenteado a nós mesmos[1].

A amizade é um relacionamento de mão dupla que se fundamenta na reciprocidade. Geralmente, as trocas são de natureza cooperativa, mais do que competitiva. Ela se caracteriza pela expressão de sentimentos positivos e de atitudes voltadas para o bem-estar do outro. Várias pesquisas têm enfatizado a importância da amizade para a saúde psicológica das pessoas. Crianças com pelo menos um amigo íntimo tornam-se mais saudáveis do que aquelas que não possuem sequer um relacionamento desse tipo.

Fazer amizade envolve um conjunto de habilidades, tais como: capacidade para ouvir, expressar afeto, demonstrar interesse genuíno, respeitar segredos, compartilhar sentimentos,

---

[7] Trecho do conto Uma amizade sincera, de Clarice Lispector, *Felicidade clandestina* (Rio de Janeiro: Nova Fronteira, 1981).

colaborar, elogiar (gratificar), investir na manutenção de contatos periódicos etc.

Além da família, base de todo desenvolvimento interpessoal, somos posteriormente influenciados pelos nossos amigos, mais do que por qualquer outra pessoa, particularmente na adolescência. Os jovens passam grande parte de seu tempo em grupos de colegas e amigos. Os grupos desenvolvem uma subcultura própria, com códigos de recompensa e punição, linguagem, signos e sinais que controlam o comportamento de seus integrantes. Muitas pessoas não aceitam que podem ser influenciadas pelos seus companheiros, negando qualquer influência.

A influência exercida pelo grupo é mais forte à medida que contrasta com os valores familiares que os jovens não aceitam ou aos quais têm alguma resistência. A expressão popular "Diga-me com quem andas e te direi quem és", se aplica inteiramente nesse caso. Portanto, embora a amizade seja muito importante, é preciso aceitar a possibilidade da sua influência, tanto positiva quanto negativa.

Algumas pessoas conseguem fazer amizades, mas encontram dificuldade em mantê-las. Isso pode ocorrer principalmente devido à ausência de maior transparência ou de interesse genuíno. Em outras palavras, é necessário coerência entre o pensar, o sentir e o agir em relação ao outro, tanto na fase inicial da busca de amigos como nas etapas posteriores de preservação desse relacionamento.

A manutenção da amizade exige investimento em alternativas diversificadas e mais constantes de aproximação e contato. Algumas iniciativas nessa direção podem ser exemplificadas em termos de visitas, bilhetes, telefonemas, convites para encontros, recepção fraterna na própria residência etc. Esses esforços não se restringem às ocasiões especiais como aniversários, formaturas, promoções, dia de Natal e passagem de ano.

Jesus andava com toda espécie de pessoas e, embora isso não alterasse a sua coerência, ele não "pertencia" (não fazia parte) a esses grupos. Essa sua atitude deve ser considerada dentro da perspectiva da filiação grupal, ou seja, pessoas pertencentes a diferentes grupos (religiosos, políticos, recreativos) não devem se isolar, impedindo a possibilidade de convivência saudável e mesmo da amizade. Jesus incentivava a amizade entre os seus seguidores, ao instruí-los para que se tratassem como irmãos. Além disso, demonstrou, em várias ocasiões, considerar seus discípulos e toda a humanidade como amigos, como nos exemplos a seguir.

> Ninguém tem maior amor do que aquele que dá a vida por seus amigos (João 15,13).

> Já não os chamo de servos, porque o servo não sabe o que o senhor faz; mas eu os chamo amigos... (João 15,15).

Interessante notar que, mesmo sabendo da intenção de Judas de traí-lo, Jesus o recepciona de maneira fraterna dizendo: "Amigo, para que estás aqui?" (Mateus 26,49). Certamente a tradicional "malhação de Judas" não receberia a sua aprovação, assim como outras manifestações de religiosidade que não favorecem a confraternização e a amizade entre as pessoas.

8

HABILIDADES SOCIAIS DE SOLIDARIEDADE

Dona Hermínia é viúva, tem três filhos já casados. Levanta-se todos os dias às cinco horas da manhã e prepara, com alguns voluntários, refeições que distribui para moradores de rua no pequeno quintal de sua própria casa, exatamente às doze horas. Cada refeição consiste de arroz, feijão, carne bovina ou frango, verdura com legumes e suco. Faz isso de segunda a sexta-feira. No sábado, faz algumas compras, arruma a despensa e planeja o cardápio da semana. Aos domingos visita os filhos ou os recebe em sua casa. Dona Hermínia tem oitenta e dois anos[1].

O que leva uma pessoa como Dona Hermínia a realizar essas atividades tão desgastantes? Durante a entrevista dada a um programa de televisão, em nenhum momento deixou transparecer, ao contrário de pessoas que fazem penitência, que fazia isso para se purificar e/ou ganhar no futuro o Paraíso. Simplesmente reafirmou que se preocupava com aquelas pessoas, moradoras de rua, que passavam por muitas dificuldades.

A expressão autêntica de sentimentos positivos em relação a outras pessoas implica coerência entre pensamento, sentimento e ação e pode ser tomada como a forma mais visível de

---

[1] A vida de Dona Hermínia foi objeto de uma reportagem apresentada por um programa de televisão. O conteúdo desse programa mostra que nem sempre somos justos em nossas críticas à mídia, que também tem mostrado eventos construtivos.

demonstração do aforismo do amor ao próximo, beneficiando a ambos os pólos da interação. Embora usual com pessoas de nosso relacionamento próximo, como amigos e parentes, encontra sua forma mais desenvolvida no exercício da solidariedade ao gênero humano, a pessoas desconhecidas e anônimas, sem qualquer preocupação com a reciprocidade.

A solidariedade, portanto, deve ser entendida como um exercício de ajuda que pode ocorrer face a face ou mesmo independente da identificação da pessoa que precisa. No segundo caso, pode se tornar uma ação coletiva. Como as demais, trata-se de uma classe ampla, da qual fazem parte outras habilidades, que vem despertando uma atenção especial dos estudiosos nas áreas biológica e sociopsicológica.

Há quem defenda a existência de uma base biológica no desenvolvimento da solidariedade. Pode-se aceitar uma interdependência entre todos os seres vivos, o que não é novidade, pois o próprio Darwin já dizia: "A sobrevivência de um organismo depende da sobrevivência de um outro" e é correto pensar que a Biologia Evolucionária pode nos ajudar a compreender o comportamento do homem.

1. EXEMPLOS NO REINO ANIMAL

Não há dúvida de que a habilidade de solidariedade está intrinsecamente ligada à sobrevivência, ao longo da evolução. Sabe-se que o comportamento de ajudar não se restringe unicamente à humanidade. Há alguns anos atrás, milhões de pessoas se comoveram com a imagem divulgada na mídia de uma fêmea de gorila, em um zoológico, que apanhou cuidadosamente uma criança que caíra no fosso e a devolveu salva a seus pais. A cena foi gravada com uma filmadora comum, por um frequentador do local, e correu mundo.

Os etólogos têm registros maravilhosos de chimpanzés solidários que, ao localizarem alimentos, chamam seus amigos para partilhar da refeição. Esses estudos nos mostram que possivelmente existe um impulso (*drive*) para a "boa ação", da mesma maneira que existe para a agressão. É correto afirmar que herdamos filogeneticamente tais impulsos, mas que, considerando nosso estágio evolutivo atual, tal "herança" não determina mais nosso comportamento. Pensamos que somos mais autodeterminados, ou seja, que podemos escolher um curso de ação, o que certamente não ocorre com o chimpanzé. Assim, conhecer o comportamento de ajuda nos animais pode fornecer *insights* interessantes sobre nossos próprios comportamentos.

No Brasil, estudos com uma comunidade de macacos muriquis (*Brachyteles arachnoides*) revelaram uma estrutura hierárquica baseada no afeto: a posição mais importante no grupo pertence aos mais queridos, ou seja, os que recebem mais abraços e atenção dos companheiros. O mais interessante é que esse grupo funciona na base da fraternidade, com a divisão total dos ganhos e não há brigas nem disputas, mesmo pelas fêmeas[2].

Na Costa Rica, no interior do país, algumas cavernas são habitadas por morcegos hematófagos, de cérebro bem desenvolvido. Esses indivíduos vivem em grupos e saem juntos, à noite, em busca de alimento. Quando retornam, aqueles que não conseguiram alimento obtêm de alguns outros, através de regurgitação, porções suficientes para mantê-los ativos até a próxima refeição. A sobrevivência dos que não conseguiram alimento depende totalmente desse gesto solidário. Mas por que um morcego se disporia a ajudar outro membro do grupo? Muito simples. Eles dispõem de um meio para saber quem,

---

[2] O leitor interessado em obter mais informações sobre a vida desses macaquinhos pode se valer da publicação de Carlos Fioravanti, Macacos quase falantes (*Pesquisa Fapesp*, março de 2003).

de fato, obteve alimento. Os morcegos encostam suas caras nos corpos uns dos outros em uma espécie de ritual e, então, "percebem" quem está com a barriga cheia. Se aquele que está bem nutrido agir egoisticamente, caso não consiga alimento nas próximas incursões, ele também nada receberá de ninguém. O não colaborador é imediatamente "denunciado". Como esse tipo de animal, considerado tão repulsivo, conseguiu chegar a comportamentos tão complexos?

Os morcegos sobreviveram devido a um conjunto de comportamentos bem sucedidos como procriar, cuidar da cria, fugir de predadores e conseguir alimento. Entre esses comportamentos incluem-se o de viver em sociedade e agir solidariamente. Parece existir uma relação entre o tamanho do cérebro e a complexidade da vida social: quanto maior o neocórtex, maior a vida social. O cérebro humano hoje é relativamente um pouco maior do que há muitos séculos atrás. E a nossa vida social chega a um nível de complexidade sem precedentes em nossa história evolutiva, exigindo desempenhos cada vez mais elaborados no plano interpessoal, intergrupal e entre nações. No entanto, a vida social não é meramente resultante de um impulso biológico. A dimensão cultural deve ser também levada em conta.

2. A INFLUÊNCIA DA CULTURA

A cultura de mídia dissemina tanto práticas solidárias como egoísticas. O programa de televisão que rapidamente exibiu as atividades desenvolvidas por Dona Hermínia, enseja a possibilidade de reprodução de comportamentos similares. Outros seguem em direção oposta, mantendo um caldo de cultura da violência que ora parece diminuir, ora aumentar. Se o leitor prestar atenção aos discursos e jargões presentes nos comentários dos especialistas esportivos, principalmente nos dias antecedentes às grandes disputas, saberá bem sobre o que estamos falando. Expressões como, "é uma guerra", "combate de vida ou morte", "forças do inimigo", "mata-mata" etc. são comuns. Claro que uma disputa esportiva provoca ansiedade e nervosismo; porém, esse tipo de discurso facilita exageros antiesportivos porque amplia a dimensão do cenário real do embate para o cotidiano das pessoas, contribuindo para que os grupos tornem suas fronteiras demarcadas (filiação, territorialidade etc.), incentivando comportamentos violentos em atletas e torcedores.

A cultura da violência é bastante forte e é mantida por atender interesses e alimentar-se de recursos os mais diversos, das fábricas de armas de brinquedo às verdadeiras (químicas, biológicas, hidrogênio etc.). Apesar disso, não retornamos à época em que as punições à quebra da ordem eram tão terríveis como aquela em que Jesus viveu. A crucificação, a fogueira e a entrega às feras eram previstas na legislação romana. No ano em que supostamente Jesus havia sido morto, cerca de duas mil pessoas foram punidas com a cruz. Todas essas punições eram públicas e não havia direito da família sobre os corpos que desapareciam sob o fogo ou eram devorados pelas feras e aves de rapina. O fato de um crucificado ter modificado a história do mundo fez com que essa punição fosse, até onde sabemos, definitivamente abolida.

3. A PRÁTICA DA SOLIDARIEDADE

As habilidades próprias da solidariedade são um desdobramento das habilidades empáticas, mas podem por sua vez antecipá-las, dependendo das demandas. No entanto, a solidariedade sem empatia pode tomar a forma de ações mecânicas e burocráticas, esvaziadas de seu conteúdo humano e espiritual. Além da empatia nas relações interpessoais, o exercício humano da solidariedade desdobra-se, portanto, em um conjunto de atitudes de identificação com o outro enquanto integrante de uma vida interdependente, na compreensão das contingências a que cada um está sujeito e na disposição para oferecer ajuda.

Quando ajudamos alguém que está com problema, parece-nos que estamos em uma situação melhor ou que possuímos algo que aparentemente o outro não tem. Essa é uma visão restrita e superficial, pois o objeto doado, seja o que for, não é verdadeiramente meu. Sou apenas depositário de algo, durante um determinado período temporal. O que me pertence é tão somente o emprego do tempo como me aprouver. Por outro lado, o ato de ajudar me renova psicológica e espiritualmente ("Bem-aventurado os misericordiosos") e me auxilia (pela ação) a melhorar minha compreensão sobre a vida.

Há aqueles que desejam que suas ações solidárias sejam conhecidas para, então, obterem as possíveis vantagens do reconhecimento social. Esse objetivo os impede de alcançar esse sentimento de bem-estar. Jesus, que conhecia profundamente a cultura religiosa e as motivações humanas, afirmou que "estes já obtiveram sua recompensa" e propôs, metaforicamente, a essência da solidariedade: "Não saiba tua mão esquerda o que faz a tua direita" (Mateus 6,3). Algumas pessoas (e felizmente não poucas) romperam com o padrão farisaico e experimentaram a forma preconizada por Jesus, mas como agem sem alarde não tornam visível o impacto de suas ações. Todavia, não é totalmente impossível identificá-las e encontrá-las se nos propusermos a olhar para além das aparências e convenções.

A solidariedade não se restringe à mera doação de recursos materiais (roupas, alimentos, dinheiro etc.): ela alcança uma dimensão humana/espiritual que consola e retira o outro da angustiante percepção de isolamento. Não era apenas no ato de curar que Jesus exercitava a solidariedade, mas principalmente na maneira como o fazia, aproximando-se, ouvindo, perguntando, tocando e retirando o outro do isolamento. Aos poucos a medicina atual vai se conscientizando da necessidade de romper o isolamento psicológico e social do doente, movendo-se para uma postura solidária. Essa atitude é fundamental para a cura ou, no jargão atual, para melhorar a qualidade de vida do doente.

Toda ajuda deve ser entendida como uma ação operada em uma estrada de mão dupla. Em muitas situações, aquele que aparentemente ajuda é o maior beneficiado pela sua ação. Dona Hermínia é apenas uma, entre milhões, no mundo todo, que estão encontrando sentido para as suas vidas através da prática da solidariedade. Da mesma maneira das ações destrutivas, as construtivas também são contagiantes. Para as primeiras precisamos fortalecer os anticorpos; para as segundas, deixemo-nos contaminar.

9

HABILIDADES SOCIAIS DE PERDÃO/REPARAÇÃO

O corpo do adolescente sequestrado foi encontrado em uma estrada isolada na baixada fluminense. A imprensa noticiou que provavelmente se tratava de bandidos inexperientes, pois mataram o refém antes de entrar em contato com a família, na busca do pagamento para o resgate. Poucos dias depois do trágico acontecimento, o pai do jovem declarou que esperava ver os autores da morte de seu filho na cadeia para que isso inibisse esse tipo de criminalidade, mas não tinha nenhum interesse em vingança. Informou ainda que, juntamente com um grupo de amigos e conhecidos, havia criado uma associação com o objetivo de promover a integração social de jovens da periferia para evitar que eles fossem seduzidos pelo mundo das drogas e do crime[1].

A mídia não trouxe muita matéria sobre a atitude do pai de perdoar os algozes de seu filho e, até onde acompanhamos, não houve grande desdobramento subsequente. Por que o silêncio? O fato é que não estamos acostumados com essas ações inusitadas. Elas nos surpreendem, nos deixam perplexos e nos

---

[1] O fato ocorreu em outubro de 2001, no Rio de Janeiro, e foi amplamente noticiado nos principais veículos informativos do país. Nessa época, observou-se um aumento de sequestros e diminuição de assaltos a bancos.

incomodam porque provavelmente não temos certeza alguma de que agiríamos dessa maneira. No entanto, a resposta desse pai está de acordo com o paradigma que Jesus estabeleceu. Se ele clamasse por vingança, liderasse uma petição favorável à pena de morte ou bradasse aos céus punição para os culpados estaria agindo conforme o *olho por olho e dente por dente*. A sua reação exemplar não significava ausência de sofrimento, cuja intensidade nem podemos aquilatar, mas ela, certamente, deve ter abrandado um pouco a dor e a saudade que sentia.

Nossas reações diante das várias situações do cotidiano são ativadas pelo neocórtex e amígdala. Situações comuns com as quais nos habituamos ativam o neocórtex; já as situações inusitadas e com maior demanda emocional são mediadas pela amígdala. A amígdala tem a aparência de uma amêndoa, localizada no lobo temporal e a sua importância na emoção é muito grande. Uma vez ativada a emoção, há uma tendência ou pressão para a ação e expressão dessa emoção: a pessoa pode chorar ou rir, gritar, cantar ou infligir dano a outrem. Isso não significa que estamos à mercê das emoções, pois o processo é dotado de um sistema de regulação, influenciado pela educação e cultura[2]. As pessoas podem desenvolver um razoável controle sobre seus próprios centros reguladores e expressar adequadamente suas emoções (inteligência emocional), apresentando respostas semelhantes à desse pai. Jesus possuía em altíssimo nível essa capacidade, que facilita uma compreensão ampliada

---

[2] Infelizmente não dispomos de muitas publicações em língua portuguesa, sobre esse assunto. Existe uma obra bastante conhecida, de Daniel Goleman, denominada *Inteligência emocional* (São Paulo: Objetiva, 9ª edição em 1995). Trata-se de uma espécie de resenha sobre o tema da inteligência emocional, cuja teoria, ao contrário do que se pensa não é de Goleman, mas sim de P. Salovey e J.D. Mayer, Emotional intelligence (*Imagination, cognition and personality*, 9, 185-211, 1990).

da situação presente e futura e predispõe a ações baseadas nessa compreensão, especialmente as de autocontrole e perdão.

O perdão se desdobra em habilidades de *solicitar*, de *reparar* e de *conceder*, que são de importância fundamental nos relacionamentos interpessoais. Portanto, a classe de habilidades de perdão/reparação envolve: a) solicitar perdão; b) reparar a falta cometida; c) perdoar ou desculpar.

As habilidades de solicitar desculpas ou perdão são muito difíceis de ser exercitadas porque implicam em reconhecer algum tipo de erro e propor-se a repará-lo, caso seja possível. Quando a pessoa tem dificuldade para assumir que errou, tende a justificar o próprio comportamento e a criticar o da outra pessoa. Quando tem dificuldade de pedir perdão ou desculpas, pode se sentir em falta e emitir uma série de comportamentos pouco usuais que, na verdade, não substituem assumir o erro e pedir desculpas. Por exemplo, quando uma mãe bate em seu filho e, ao invés de assumir que se descontrolou, torna-se mais atenciosa e gentil ou cede em mais coisas do que deveria. Pessoas que querem ter um relacionamento equilibrado e saudável precisam, tanto quanto possível, evitar que esse tipo de situação aconteça. Pedido de perdão não significa uma humilhação para quem pede. A pessoa pode ir direto ao ponto, sem fazer promessas e nem mostrar submissão. Uma vez reparada a falta cometida, cessa o desequilíbrio e a relação muitas vezes retorna, pouco a pouco, ao nível anterior.

Pode-se identificar, em nossa cultura, um resquício de valor machista que dificulta o exercício da habilidade de perdoar. Supõe-se que perdoar revela fraqueza de caráter e seria desonroso para quem age dessa maneira. No entanto, nada menos verdadeiro. O ato de perdoar engrandece o ser humano, além de libertá-lo do ressentimento e do desejo de vingança, dois sentimentos que lhe são bastante prejudiciais. Perdoar, na maioria das vezes poderia ser acompanhado da exigência da reparação, mas isso nem sempre é exequível. No entanto, há um tipo de compensação que ameniza a dor da ofensa (para quem recebe) e do remorso (para quem faz). Um amigo, certa ocasião atropelou com seu carro um cachorro que atravessava a rua. Rápido, levou o animal, ainda com vida, a um veterinário que, infelizmente, nada pôde fazer para salvá-lo. O dono, avisado, correu para a clínica. Este nosso amigo enfrentou a situação, desculpando-se e ocupando-se com as despesas. O dono do animalzinho ficou muito triste, mas ciente da ação do outro, sentiu-se confortado.

1. O PERDÃO E A LEGISLAÇÃO

A legislação atual prevê a possibilidade de reparação, que vem sendo exercitada com significativos ganhos, principalmente de caráter educativo. Pichadores recebem sentença de apagar as inscrições que fizeram, pessoas que cometem atos de vandalismo a bens comuns são penalizadas com ações que envolvem consertar carteiras escolares, reparar muros de instituições filantrópicas etc. O paradigma de Jesus vem influenciando consideravelmente o Direito que, por sua vez, vem aperfeiçoando a legislação.

Ainda existem muitos países que adotam penalidades maiores do que a infração cometida e também são muitos os que mantêm a pena de morte em vigor. No entanto, o seu efeito é duvidoso. Nos Estados Unidos, as pesquisas mostram que, onde a pena de morte foi estabelecida, houve uma pequena redução imediata e, logo a seguir, um aumento da criminalidade em patamares acima daquele que existia anteriormente. Esse resultado sugere que esse tipo de penalidade deveria ser revisto. Provavelmente essa revisão não ocorrerá enquanto houver a predominância da cultura do paradigma olho por olho... Jesus propôs, inúmeras vezes, a mudança nos costumes, em especial quando a penalidade aplicada era maior do que a falta cometida. O episódio que segue exemplifica essa afirmação.

> Os escribas e fariseus trazem, então, uma mulher surpreendida em adultério e, colocando-a no meio, dizem-lhe: "Mestre, esta mulher foi surpreendida em flagrante delito de adultério. Na Lei, Moisés nos ordena apedrejar tais mulheres. Tu, pois, o que dizes? [...]" Mas Jesus, inclinando-se escrevia na terra com o dedo. Como persistissem em interrogá-lo, ergueu-se e lhes disse: "Quem dentre vós estiver sem pecado, seja o primeiro a lhe atirar uma pedra". Inclinando-se de novo, escrevia na terra. Eles, porém, ouvindo isso, saíram um após o outro, a começar pelos mais velhos. Ele ficou sozinho e a mulher permanecia lá, no meio. Então, erguendo-se, Jesus lhe disse: "Mulher, onde estão eles? Ninguém te condenou?" Disse ela: "Ninguém, Senhor". Disse, então, Jesus: "Nem eu te condeno. Vai, e de agora em diante não peques mais" (João 8,3-11).

Diferentemente do modo como agia em relação aos grupos de fariseus e escribas, Jesus não os confronta de imediato. Antes, mantém-se em silêncio, esperando para verificar se eles conseguem interpretar sua atitude. Pode-se dizer que Jesus ofereceu, ao grupo, uma oportunidade de rever suas atitudes e comportamentos.

Frequentemente o silêncio é uma comunicação efetiva de discordância, de não adesão, de reprovação, porém aquele grupo não foi capaz de fazer essa leitura e persistiu nos mesmos propósitos. Além do interesse explícito na aplicação da lei, os participantes possuíam intenção subjacente, porém mais forte, de confundir e de surpreender alguma atitude contraditória de

Jesus. Se advogasse explicitamente a favor da mulher, Jesus se oporia à lei, como fez em outras ocasiões e, então, teria que participar de uma discussão de grande interesse para seus adversários. Fazendo a opção por uma confrontação moral, propõe um dilema: quem estiver puro que inicie a aplicação da pena. Aquele que insistisse na aplicação da lei estaria se confessando isento de pecado. Todavia, uma pessoa em semelhante condição de pureza, não deveria estar ali, participando de uma questão de menor importância, da qual os sumos sacerdotes prefeririam manter distância. Ontem, como hoje, o dilema continua tendo a mesma validade. Melhor para nós seria interpretar corretamente os diferentes significados do silêncio.

2. PERDOAR A SI MESMO

Algumas pessoas, mesmo obtendo desculpa do interlocutor e reparando a falta cometida, continuam se sentindo desconfortáveis. Esse desconforto varia de pessoa para pessoa podendo permanecer por muito tempo, dependendo da gravidade da falta e da suscetibilidade daquele que a cometeu. Conhecemos pessoas que, embora não tenham cometido falha altamente censurável, carregam consigo um permanente estado de culpa. Desculpar ou perdoar a si mesmo é também muito importante para restaurar a autoestima e fortalecer a autoconfiança, inclusive para não mais incidir no mesmo erro.

O sentimento de culpa é muito comum e em geral produz um desconforto difuso. Quando não resolvido esse sentimento, pode se expressar através de hábitos ou mesmo tiques que trazem alívio, mas não solucionam o problema. É possível identificar dois tipos de culpa: a social e a individual.

O primeiro caso tem como base a identidade social, que é formada pela noção de fazer parte de um grupo ou sociedade.

Essa noção de pertença faz com que nos sintamos envolvidos pela maioria das ações de caráter ofensivo de alguns membros de nosso grupo em relação a outros grupos. Por outro lado, as pessoas reforçam isso ao atribuírem as faltas de alguns integrantes a todo o grupo. O lamentável episódio do Carandiru (bárbaro assassinato de presos por policiais) ocorreu quando participávamos de um congresso de Psicologia em Lisboa. Durante o almoço, vários garçons, que serviam nossa mesa, nos cobraram pelo acontecido. Sentimo-nos envergonhados pelas acusações e lhes demos razão. Tendemos a dizer *os americanos* quando nos referimos às ações belicosas do governo dos Estados Unidos, mesmo sabendo que muitos se opõem a essas ações.

Para diminuir esse sentimento de culpa coletiva, só nos resta o engajamento em ações que seguem em direção oposta. Por exemplo, para abrandar o desconforto pela derrubada de florestas, podemos participar de uma "ONG ambientalista". Isso não significa que todos aqueles que tomam parte de ações altruísticas o fazem devido ao sentimento de culpa (ver capítulo sobre habilidades sociais de solidariedade).

No caso de culpa individual, esse sentimento pode ser assimilado por uma educação muito rígida, especialmente a religiosa. Uma educação religiosa com ênfase excessiva no pecado, em um Deus severo, punitivo e nas artimanhas do demônio, desenvolve o medo, a autonegação e, consequentemente, o sentimento de culpa. Contou-nos uma jovem, que se sentia muito mal ao conversar com seu pai porque ele falava muito mais do diabo do que de Deus. Essa menina disse que, em uma conversa de aproximadamente uma hora, seu pai havia falado trinta vezes os nomes "diabo" e "demônio" e três vezes o nome Deus. A garota completou que, quando ela pensava em Deus, sempre imaginava ter feito alguma coisa errada.

É importante se libertar desse tipo de injunção. Aceitando o Deus anunciado por Jesus, podemos entendê-lo como Pai amoroso, protetor e benéfico. Adicionalmente, é necessário desenvolver uma atitude amorável diante da vida, vencendo o desamor pelo perdão a si mesmo. O amor, disse Jesus, cobre uma multidão de pecados.

3. COMO PERDOAR

A dificuldade de perdoar depende de vários fatores, inclusive da cultura da sociedade e da subcultura familiar. Depende também da gravidade da falta. As pessoas tendem a apontar a traição como uma das mais graves ofensas e, portanto, mais difícil de ser desculpada. De fato, seja qual for o relacionamento (afetivo/sexual, amizade, ideológico, contrato comercial etc.), ele se ancora na fidelidade e a sua quebra é tida como um ato de traição que rompe os laços de confiança. A pessoa traída se sente em uma situação extraordinariamente complicada. Perdoar a traição é realmente muito difícil. Todavia, não perdoar traz consequências bastante negativas, como a mágoa permanente, o ressentimento, a vergonha, a autoestima rebaixada. Tudo isso pode se traduzir em problemas psicossomáticos de vários tipos, como insônia, enxaqueca, úlcera estomacal, depressão etc.

Conhecemos uma pessoa que perdoou a infidelidade da esposa e percebemos o quanto lhe foi difícil sofrear o impulso de vingança (mesmo na forma abrandada de desprezo e indiferença fingida), vencer o sentimento de vergonha, de fracasso e de ressentimento. Para fazer isso, ele associou razão e emoção. Seu amor aos filhos o levou a evitar que estes partilhassem do desgosto e dos conflitos. Ele reconheceu, também, que a esposa, como mãe carinhosa, tinha muita importância para as crianças e, então, evitou generalizar a falha cometida para outros comportamentos. Esse passo foi muito importante na difícil caminhada rumo ao perdão que foi se tornando mais concreto e possível devido ao arrependimento por parte da companheira e da sua disposição em reparar a falta cometida. O perdão não significou que o relacionamento entre ambos retornou ao nível anterior. Talvez nunca mais seja o mesmo, mas os dois poderão reconstruí-lo em outras bases, ao se concederem essa oportunidade.

O perdão envolve um conjunto de demonstrações concretas. No caso relatado, envolveu ausência de acusações diretas e indiretas, de alusões à falha cometida e disposição do marido para ajudar a esposa a superar a humilhação e alcançar o respeito de si mesma.

Jesus foi traído por companheiros de ideal: Pedro o negou por três vezes, amedrontado; Judas, iludido com a possibilidade de insurreição, entregou-o aos adversários; os demais, acovardados diante da situação, puseram-se em debandada. Jesus nada lhes cobrou. Inteligentemente, deixou-os com as suas culpas e eles retornaram com motivação redobrada, dispostos a reparar suas falhas. Em muitos casos cobrar, vociferar, punir (banimento, expulsão, reclusão, castigos físicos etc.) concorrem para anestesiar o sentimento de culpa da pessoa, libertando-a da responsabilidade de reparação e do compromisso de evitar o mesmo erro. Nosso atual sistema penal não recupera o infrator porque se preocupa mais com a punição do que com o estudo de condições para o culpado se envolver em atos de reparação. Quando cessa a punição, a pessoa corretamente tem a ideia de que já pagou sua dívida para com a sociedade.

Muitas vezes nos perguntam: como podemos nos dispor a perdoar? A pergunta parece simples, mas certamente nenhum de nós se sente em posição confortável quando o assunto é perdão. De todo modo, leva-nos a pensar sobre quais as crenças ou atitudes que favorecem ou dificultam o exercício do perdão.

Sem a pretensão de oferecer guias de comportamento, nem de esgotar as possibilidades de outras soluções, podemos exemplificar algumas dessas atitudes e crenças. No primeiro grupo, apresentamos as que dificultam o exercício do perdão; no segundo, as que facilitam o exercício dessa habilidade. Cabe ao leitor analisar os dois grupos e verificar em qual deles enquadra suas atitudes e comportamentos.

3.1. Pensamentos e atitudes que dificultam o perdão

- Na maioria das vezes, digo para as pessoas o que elas devem fazer.

- A lei não deve ser questionada, mesmo quando é injusta; deve apenas ser sempre cumprida.

- Confio plenamente em minhas percepções e julgamentos: acho quase impossível eu me enganar.

- Defendo que meu grupo de trabalho (na igreja e no serviço) é sempre mais capaz do que os outros grupos.

- Aprecio que as pessoas saibam se colocar em seus devidos lugares.

- Admiro pessoas que costumam agir com bastante rigor, do tipo que não leva desaforo para casa.

- Mesmo em situações de pouca tensão, tenho reações imediatas de raiva quando alguém rejeita minhas ideias.

- Penso que as pessoas que não participam de minha religião não tiveram oportunidade de conhecê-la ou são simplórias e ingênuas.

- A verdade é sempre "pão, pão, queijo, queijo" e não pode ser relativizada.

- Quando há algum problema de relacionamento, entre pessoas ou grupos, o mais importante é descobrir o culpado.

3.2. Pensamentos e atitudes que facilitam o perdão

- Aceito que muitas vezes posso estar enganado quanto ao caráter de uma pessoa.

- Penso que muitas normas e leis podem ser revistas e modificadas para melhor.

- Ainda que olhando para um mesmo acontecimento, as percepções das pessoas podem ser diferentes.

- Gosto muito de mim mesmo, mas desconfio que muitas vezes posso estar enganado quanto às minhas qualidades e defeitos.

- Reconheço que o diálogo com pessoas de posições políticas, filosóficas e religiosas é importante para meu aperfeiçoamento pessoal.

- Observo e admiro pessoas flexíveis nos relacionamentos e ideias.

- Algumas vezes, quando a outra pessoa (familiar, colega, chefe, amigo) está excessivamente nervosa, é melhor esperar para depois esclarecer qualquer problema.

- Deus é o criador do universo e não tem predileção por um povo ou um grupo, seja ele religioso, étnico, esportivo etc.

- Admito que a verdade é histórica, ou seja, que muita coisa que se pensa ser verdade em uma época já não é em outra.

- Os erros podem ser relativizados pelas circunstâncias, porém quem tem melhores condições têm, igualmente, maiores responsabilidades.

Em todos esses exemplos, pode-se verificar que a disposição para perdoar implica em vencer o egocentrismo, o autoritarismo e a impulsividade, substituindo-os por uma maior tolerância e respeito às diferenças, autocontrole, empatia e reconhecimento das próprias limitações. Certamente não é uma tarefa fácil desenvolver disposições mentais favoráveis ao perdão em uma sociedade que estimula essas atitudes. Mesmo em questões "não religiosas", como em alguns dos itens anteriores, a flexibilidade para compreender os fenômenos sociais e relacionais, em uma perspectiva mais ampla, parece contribuir decisivamente para a capacidade de perdoar.

10

SABER, SER E FAZER POR ONDE COMEÇAR?

O plantão estava por encerrar naquele domingo tranquilo quando ouvi uma grande gritaria na porta entrada do hospital. Corri para lá e logo fiquei ciente do ocorrido. Uma criança, moradora nas vizinhanças, caíra de uma árvore e raspara a cabeça em uma cerca de madeira. O ferimento não era profundo, mas uma porção do couro cabeludo estava à mostra. O enfermeiro responsável sugeriu o encaminhamento para o hospital geral, uma vez que o material disponível não se prestava para fazer suturas em ferimentos daquele tipo. Como era dia de folga do motorista, prontifiquei-me a conduzir a criança para ser atendida adequadamente na cidade. No caminho, a mãe gritava e chorava sem parar, a enfermeira permanecia calada e a criança dizia: "Não chore não mãe, já nem estou sentindo dor; por favor, não chore, vai passar". Sem conter a irritação, disse então à mãe: "Fique quieta senão a senhora irá andando até o hospital". A mulher calou-se. No retorno coloquei o menino ao meu lado. Sua cabeça estava enfaixada e ele parecia se distrair com a paisagem, mas de vez em quando me olhava. Tinha cinco anos e parecia tão adulto! No banco traseiro, mãe e enfermeira conversavam animadas[1].

---

[1] Este acontecimento nos foi contado por um participante de um seminário que apresentamos em um congresso de psicologia, na cidade de Belo Horizonte.

Entre os componentes dessa cena, o que demonstrou maior condição para integrar o ser, o saber e o fazer, foi o menino. Ao se ferir buscou ajuda, esforçou-se para não alardear o sofrimento, enfrentou a situação e, apesar da dor que sentia, tentou por várias vezes consolar a mãe. Esta, por seu turno, parecia incapaz de agir com bom senso e conter-se pelo menos para não assustar mais ainda a criança. A enfermeira, excessivamente retraída, desempenhava o papel que provavelmente supunha o esperado. O outro funcionário, que realizou o transporte, foi impaciente com a mãe do menino e perdeu a oportunidade de manter com ele uma melhor interação. Aparentemente era o mais bem preparado, mas na situação, embora demonstrasse boa vontade, demonstrou sua dificuldade. Ele foi agressivo e não assertivo.

Um historiador, Flávio Josefo, bastante conhecido por ter-se reportado presumivelmente a Jesus, registrou em seus estudos sobre aquela época, que Pilatos fez introduzir, em algumas cidades, medalhões em relevo da figura do imperador, afrontando dessa forma a crença dos judeus. Tudo isso ele fez às escondidas e quando o povo percebeu, Jerusalém estava "ornamentada" com essas imagens. O povo se reuniu e implorou a Pilatos para remover os emblemas ofensivos. Ele obstinadamente se recusou. Então, os reclamantes se prostraram em frente à sua casa, ali permanecendo por cinco dias e cinco noites, na mesma posição. Isso incomodou Pilatos que, para por fim ao protesto pacífico, marcou uma audiência com todos, no estádio, mas lá colocou a sua tropa de prontidão. Pilatos, então, ameaçou com a morte imediata os que protestavam, a menos que concordassem com a sua decisão, pois estava homenageando o imperador. Ocorreu o que ele não esperava: todos, imediata e simultaneamente, se ofereceram ao martírio. Pilatos teve que desistir, pois não lhe pareceu razoável massacrar tanta gente[2].

---

[2] Conforme está registrado no livro de John Dominic Crossan, anteriormente citado.

O Estado de Israel de hoje teria muito a aprender com a sua própria história. No conflito com os palestinos, eles violam a essência do judaísmo, como os muçulmanos e os cristãos violam os ensinamentos de Maomé e de Jesus. Ainda que as notícias vindas do Oriente Médio nos causem a impressão de que todos os judeus concordam com as ações de seu governo, isto não é verdade. Tanto lá, como nos Estados Unidos, são muitos os que se opõem à guerra e procuram superar o modelo do *olho por olho e dente por dente*. Mas não é somente no plano das relações entre nações que essa forma de agir precisa ser superada. Ela precisa ser superada igualmente no plano das relações interpessoais.

O paradigma *olho por olho* não é uma elaboração exclusivamente judaica. Ele está presente na grande maioria dos povos e, atualmente, parece revigorado em algumas sociedades e grupos. Não obstante observarmos um esforço na sua superação, não se abandona um modelo se não estamos conscientes de seu esgotamento.

Nas ciências, o esgotamento de um paradigma traz sinais evidentes, facilmente identificados, porque se torna incapaz de gerar teorias amplas que representem respostas convincentes aos problemas empíricos emergentes e, por outro lado, pouco acrescenta em termos de descobertas pelas pesquisas. Mesmo assim, um modelo não é deixado de lado sem resistências, sem explicitação de sua heurística (método e regras que levam à resolução de problemas e às descobertas) e sem contraposição.

Essa explicitação não vem ocorrendo em termos dos paradigmas que orientam as interações sociais. No plano das nações, com exceção do Estado de Israel, que abertamente revela o modelo pelo qual se movimenta, nos demais se observa a incoerência entre discurso e prática, a mentira ou as justificativas de ações deploráveis, quase sempre através da "satanização" do adversário. No plano interpessoal, há uma tendência a seguir a mesma orientação, conquanto em menor proporção. Em outras palavras, não parece fácil deixar a antiga fórmula do olho por olho. Ainda nos ressentimos, respondemos da mesma maneira e justificamos ("Isto é para ele aprender", "Foi para o seu bem", "Eu não podia deixar de revidar"). No Brasil, não há muito tempo, um presidente instituiu o "bateu, levou" sendo admirado em suas ações grosseiras por uma boa parcela da sociedade.

Pode se dizer, portanto, que os dois paradigmas estão presentes na cultura contemporânea: o antigo (olho por olho) e o novo (ama ao próximo como a ti mesmo). Aparentemente, há uma predominância do primeiro sobre o segundo, sendo a proposta de Jesus utilizada muito mais nos discursos do que na prática. Não estamos bem certos disso! Pode ser que os comportamentos orientados pelo velho paradigma alcancem maior visibilidade enquanto que os orientadas pelos ensinos de Jesus são ainda pouco valorizados. "Os bons são tímidos enquanto os maus são ousados", afirmou um filósofo[3], referindo-se à maior visibilidade das ações reprováveis. Parafraseando-o, podemos dizer que muita gente "se esconde" sob um estilo passivo, participa pouco e se acomoda excessivamente.

Todavia, não podemos ser otimistas ingênuos, nem pessimistas apocalípticos, mas seguramente o mundo vem mudando. Ao que consta, no ano de 1989, quando o muro de Berlim foi derrubado, 32% da humanidade em trinta diferentes países viveram ações coletivas transformadoras, não violentas[4]. Atualmente esse número é provavelmente bem maior. Somente no

---

[3] Essa afirmativa é de Hippolite Léon Denizard Rivail constante de *O livro dos espíritos* (São Paulo: Instituto de Difusão Espírita).

[4] Esses dados estão no capítulo Engajamento não violento, do livro *Não perdoe cedo demais*, já citado.

Brasil, calcula-se que mais de 500 mil pessoas estão engajadas em ações voluntárias contínuas de solidariedade.

Cabe a cada um, individualmente e no grupo familiar, tanto quanto possível, analisar as próprias ações e identificar os valores a elas subjacentes. Quando morávamos em uma outra cidade que não a atual, um vizinho, nos fins de semana, tinha por costume ligar seu aparelho de som em altíssimo volume. A música continuava na madrugada, praticamente nos impedindo de conciliar o sono. Na manhã seguinte, acordávamos cansados para os afazeres enquanto, aparentemente, a família vizinha dormia placidamente. A primeira alternativa pensada foi a de fazermos bastante barulho de manhã para também acordá-los, esperando que, dessa maneira, eles compreendessem o quanto nos prejudicavam. Depois nos demos conta de que simplesmente estaríamos fazendo algo semelhante ao que eles faziam e, pior ainda, de maneira intencional, planejada. Foi então que decidimos visitá-los, solicitando maior compreensão à mãe dos rapazes e pedindo-lhe que viesse até nossa casa para ouvir, do quarto de nossos filhos e do nosso quarto, o volume do som vindo se sua residência. Após essa conversa direta e franca, as coisas se encaminharam bem, tendo até um dos rapazes se inspirado para fazer uma canção em que "lamentava que a vizinhança não apreciava sua música". Se agíssemos conforme havíamos pensado na primeira alternativa, estaríamos de acordo com o antigo paradigma e provavelmente o problema não seria resolvido. O leitor facilmente pode imaginar desdobramentos negativos caso optássemos pelo olho por olho.

Para superar alguns problemas interpessoais, o primeiro passo é inibir o impulso para responder. Algumas pessoas adotam estratégias para conter a reação imediata como, por exemplo, contar mentalmente até dez, pensar em coisas diferentes, ocupar-se de outras providências etc. Esse passo é importante, contudo é preciso que seja seguido de uma análise sobre alternativas de ação, suas prováveis consequências e os valores subjacentes a cada uma. Aí então estaremos aptos para realizar escolhas adequadas e a maneira como devemos nos comportar.

Independentemente do quanto uma pessoa é impulsiva, seria muito importante sua participação em grupos orientados para o desenvolvimento interpessoal ou a inclusão dessa temática em grupos já existentes nas igrejas, sindicatos, associações de bairro etc. Uma outra alternativa seria a busca de profissionais que pudessem oferecer processos terapêutico-educativos na perspectiva das necessidades de um grupo.

De acordo com a ênfase de seus enfoques, as abordagens terapêuticas podem ser analisadas em: a) terapia do ser (rogeriana ou centrada no cliente); b) terapia do saber (psicanálise, análise transacional, terapias cognitivas); c) terapia do fazer (comportamental de base skinneriana). O enfoque no ser espera que o crescimento do self (eu) resulte em uma satisfação consigo próprio e, consequentemente, melhor adaptação do indivíduo ao mundo social. A ênfase no saber propõe o conhecimento de si pela identificação dos complexos, pulsões e impulsos, porém, evidentemente, as mudanças positivas têm como parâmetro a vida social do cliente. A terapia do fazer parte da noção de que certos comportamentos são adaptativos e outros não, sendo desejável, portanto, buscar a melhora do repertório de comportamentos para os primeiros e a diminuição dos segundos.

Existem algumas abordagens que vêm procurando combinar os três focos, ser, saber e fazer supondo-se, então, um maior alcance e possivelmente resultados mais favoráveis. Embora essa visão esteja simplificada, ela resume alguns processos terapêuticos. Considerando a necessidade de combinar terapia e educação, o enfoque do Treinamento das Habilidades Sociais poderia se constituir em uma alternativa promissora para a aquisição de habilidades sociais cristãs. Alguns conselhos de igrejas cristãs na Califórnia, Estados Unidos, estão realizando algo semelhante em termos de Treinamento Assertivo.

O Treinamento de Habilidades Sociais pode ser utilizado em três perspectivas: a de terapia, a de treinamento e a de profilaxia (prevenção). É nessa visão profilática que o Treinamento de Habilidades Sociais poderia ser utilizado para o desenvolvimento de habilidades sociais cristãs. Nesse sentido, alguns estudos precisariam ser conduzidos, porém isso não invalida os esforços de planejamento e elaboração de programas educativos com esse objetivo.

1. O CRISTIANISMO NO FUTURO

O cristianismo sempre viveu tensionado pelo passado e pelo futuro, tanto em sua dimensão psicológica quanto espiritual. O passado mais remoto, referido em termos da vida de Jesus, é hoje mais presente e mais rico, graças às extraordinárias descobertas da arqueologia. O que era nebuloso ou duvidoso vai sendo esclarecido, fazendo parte do conhecimento sociológico e provavelmente do popular. Por quanto tempo ainda esse conhecimento fecundará e revigorará o cristianismo é questão especulativa, mas de interesse de todos, especialmente daqueles que se preocupam com um cristianismo vivificado.

O Jesus histórico, perspectiva que adotamos neste estudo, não atrai apenas os pesquisadores, mas também o cidadão não participante do mundo da pesquisa. A projeção recente de como teria sido a aparência de Jesus de "carne e osso", mostrada pela televisão alcançou grande repercussão. Muita gente já sabia que o Jesus europeizado, alto, olhos azuis, cabelo e barba ondulados e ligeiramente aloirados, somente existiu na criação dos pintores renascentistas, mas é o que vem vigorando no imaginário popular como representação arquetípica.

Enquanto nos importarmos mais com a aparência do que com a essência, essas descobertas podem nos abalar. Em nosso entender, o que Jesus recomendou foi que levássemos em conta seus exemplos e suas principais máximas, como modelos orientadores de nossos comportamentos na relação com os demais. Portanto, os aforismos referidos são os relacionais ou, dito de outra maneira, são aqueles que orientam as relações interpessoais. Eles não precisam ser decorados e incorporados à nossa fala cotidiana, mas sim, internalizados como valores guias de nossas ações: "Ama a Deus [...] e ao próximo como a ti mesmo"; "Faze ao outro o que gostaria que ele fizesse a ti"; "Amai-vos uns aos outros, como eu vos amei"; "Não julgueis para não serdes julgados" e outros.

Empreendemos, neste livro, uma análise da competência social de Jesus e dos valores subjacentes às habilidades sociais que ele demonstrou, a partir dos relatos disponíveis nos quatro evangelhos. Não tivemos a pretensão de ter esgotado o assunto, porém, tão somente realizar um ensaio sobre a mais extraordinária figura de todos os tempos: aquele que dividiu a história em dois períodos e apresentou o mais completo código de ética jamais pensado.

Grande parte das habilidades sociais cristãs, conforme já referido, faz parte do repertório de comportamento das pessoas. Todavia, muitos de nós nos diferenciamos do verdadeiro cristão, em termos da dimensão e da orientação que imprimimos aos nossos comportamentos. Jesus se orientava pelo amor ao outro, enquanto a maioria de nós se orienta, com maior frequência e magnitude, pelo amor a si. Ainda hoje se justifica plenamente sua solicitação de "amar ao próximo como a ti mesmo". O aforismo reporta ao equilíbrio entre o eu (meu) e o outro (dele). Isto é mais do que todo sacrifício, todo holocausto, como bem falou o sábio saduceu, no que foi aprovado por Jesus.

Portanto, você sabe se é cristão ou não através das relações com o próximo, todo o resto é comentário. Uma boa forma de avaliar isso é a auto-observação. Já a internalização desses ensinamentos somente pode ocorrer pela sua prática:

> Todo aquele que ouve essas minhas palavras e as põe em prática será comparado a um homem sensato que construiu a sua casa sobre a rocha. Caiu a chuva, vieram as enxurradas, sopraram os ventos e deram contra aquela casa, mas ela não caiu, porque estava alicerçada na rocha (Mateus 7,24-26).

O movimento social iniciado por Jesus chegou ao final ao se institucionalizar através das religiões ou ele poderia ser novamente dinamizado, como pretendia São Francisco? Essa é uma questão pertinente cuja resposta interessa a todos, em especial àqueles que desejam uma vivência cristã autêntica, não confinada a um espaço, a Igreja, nem aos momentos de oração e ritos coletivos.

COLEÇÃO PSICOLOGIA SOCIAL

...ologia social contemporânea
...os autores
...oria geral da psicologia social e sua aplicação prática
...áreas da escola, do trabalho e da comunidade.

...es da psicologia social moderna
...erto M. Farr
...ma análise crítica dos pressupostos metafísicos,
...emológicos e éticos das diversas teorias existentes hoje
...sicologia Social.

...resentando a alteridade
...: Angela Arruda
...m enfoque psicológico sobre a questão da alteridade
...tual conjuntura de desigualdade, individualismo,
...mprego e falta de direito à cidadania experimentada
...s indivíduos.

...adigmas em psicologia social
...: Regina Campos e Pedrinho Guareschi
...eflexões sobre todas as tendências atuais em Psicologia
...al, seus dilemas teóricos e metodológicos e as
...pectivas que se desenham para esta área.

...ero, subjetividade e trabalho
...a Fonseca
...ma análise do sujeito feminino e sua opressão.

...ologia social comunitária
...: Regina de Freitas
...studos na área da psicologia social comunitária, que
...ideram a busca individual da auto-realização e o jogo
...elações em que a pessoa pode crescer e amadurecer.

...os em representações sociais
...s.: Pedrinho Guareschi e Sandra Jovchelovitch
...onjunto de textos sobre a realidade psicossocial como
...de significados, marcada por contradições histórico-
...ais, mas aberta ao caráter potencial e instituinte da ação
...ana.

...rtimanhas da exclusão
...: Bader Sawaia
...exclusão vista através de uma perspectiva ética, com
...xões sobre o cotidiano,
...sciência, afetividade, intersubjetividade,
...tidade, representação social e projeto de vida na
...ensão da justiça social e do sofrimento humano.

...resentações sociais e esfera pública
...dra Jovchelovitch
...esultados de estudos que permitem a identificação de um
...po representacional surpreendentemente homogêneo,
...posto de várias dimensões que se unificam em torno de
...ectos que marcam a relação brasileira com a alteridade e
...ferença, e a concomitante busca de uma identidade
...onal, do "ser" brasileiro.

...construtores da informação
...os autores
...strumento reflexivo sobre a Comunicação nos dias de
... e uma possível prática ética, participativa e
...ocrática, onde os/as cidadãos/ãs possam tratar a mídia
...o um objeto e para que saiam da condição de meros
...s dos veículos de comunicação.

...ologia social do racismo
...s.: Iray Carone e Maria Aparecida Silva Bento
...m livro capaz de desencadear um debate e uma reflexão
...re os efeitos psicológicos provocados pelo racismo na
...edade brasileira.

...olgia social nos estudos culturais
...za Guareschi
...O livro propõe uma transição para a pluralidade e para
...a visão interdisciplinar, inserindo a Psicologia Social
...tro do campo dos Estudos Culturais.

Psicologia social e saúde
Mary Jane P. Spink
Usando teorias e eventos relevantes na área de Psicologia Social e Saúde, a autora criou um pano de fundo para que novos horizontes profissionais possam ser criados, abrindo novas possibilidades de atuação.

Representações sociais
Serge Moscovici
O livro reúne os textos fundantes de Serge Moscovici, que introduziu o conceito de representações sociais na psicologia social.

Subjetividade constituição do sujeito em Vygotsky
Susana Inês Molon
A autora empreende uma leitura em profundidade de toda a obra de Vygotsky em busca de seu motivo.

O social na psicologia e a psicologia social
Fernando Luis González Rey
O livro apresenta uma visão histórica do desenvolvimento das teorias sociais e da evolução da psicologia social.

Loucuras e representações sociais
Denise Jodelet
A questão da inserção social da loucura e como a comunidade recebe e absorve seus pacientes.

Método histórico-social na psicologia social
Org.: Sueli Terezinha Ferreira Martins
O livro apresenta, por um lado, um processo de criação elaborado no decurso de gerações, por outro lado, é história de um singular grupo humano que procura fazer, pensar e comunicar uma prática.

A invenção da psicologia social
Rosane Neves da Silva
Neste livro a autora investiga e reflete, apresentando com método e profundidade a discussão indispensável sobre o nascimento das ciências sociais, mais especificamente, da psicologia social.

Dialogicidade e representações sociais – As dinâmicas da mente
Ivana Marková
Este livro de Ivana Marková é único por integrar o conceito de diálogo e conhecimento social, sendo uma importante contribuição para a Psicologia Social, ciências humanas e sociais e também estudos da comunicação.

Psicologia do cotidiano – Representações sociais em ação
Marília V. Veronese, Pedrinho Guareschi (orgs.)
Novas provocações e contribuições sobre a teoria das Representações Sociais.

Os contextos do saber – Representações, comunidade e cultura
Sandra Jovchelovitch
É por meio da representação que podemos avaliar a diversidade do saber, é ela explica o que liga o conhecimento a sujeitos, comunidades e culturas.

Argumentando e pensando – Uma abordagem retórica à psicologia social
Michael Billig
Pensar é uma forma de argumento interno, modelada no diálogo dirigido ao mundo externo; as atitudes são posturas retóricas em questões polêmicas.

A identidade em psicologia social
Jean-Claude Deschamps e Pascal Moliner
Mostra que as pesquisas sobre identidade realizam a imbricação de diferentes problemáticas próprias à psicologia social.

Políticas públicas e asistência social
Orgs.: Lilian Rodrigues da Cruz e Pedrinho Guareschi
Reúne trabalhos teóricos e práticos e pesquisadores da psicologia, da assistência social e da antropologia, caracterizando a transdisciplinaridade da temática das políticas sociais públicas.

Conecte-se conosco:

- **f** facebook.com/editoravozes
- **◉** @editoravozes
- **X** @editora_vozes
- **▶** youtube.com/editoravozes
- **◉** +55 24 2233-9033

www.vozes.com.br

Conheça nossas lojas:

www.livrariavozes.com.br

Belo Horizonte – Brasília – Campinas – Cuiabá – Curitiba
Fortaleza – Juiz de Fora – Petrópolis – Recife – São Paulo

  Vozes de Bolso

EDITORA VOZES LTDA.
Rua Frei Luís, 100 – Centro – Cep 25689-900 – Petrópolis, RJ
Tel.: (24) 2233-9000 – E-mail: vendas@vozes.com.br